Angelika Schindler

Stottern erfolgreich bewältigen

Angelika Schindler

Stottern
erfolgreich bewältigen

Ratgeber für Betroffene und Angehörige

Ursachen und Erscheinungsformen
Therapiemöglichkeiten
Mit hilfreichen Sprechübungen

MIDENA

Die Autorin

Angelika Schindler war an der Universität Köln am »Seminar für Heil-pädagogische Psychologie der Sprachbehinderten« viele Jahre wissen-schaftliche Mitarbeiterin. Heute lebt und arbeitet sie in Moers am Nie-derrhein als Therapeutin in einer sprachtherapeutischen Praxis.

Die Deutsche Bibliothek – CIP-Einheitsaufnahme

Schindler, Angelika:
Stottern erfolgreich bewältigen : Ratgeber für Betroffene und Angehörige ; Ursachen und Erscheinungsformen ; Therapiemöglichkeiten ; mit hilfreichen Sprechübungen / Angelika Schindler. – Augsburg : Midena, 1998
    ISBN 3-310-00400-7

Midena Verlag, Augsburg
© 1998 Weltbild Verlag GmbH, Augsburg
Alle Rechte vorbehalten
Umschlaggestaltung: Steinkämper und Lohmann, Wörthsee
Layout: Marion Kraus, Midena Verlag
Satz: Gesetzt aus der 10/14 P. Linotype Centennial von
Cicero Lasersatz, Dinkelscherben
Druck und Bindung: Offizin Andersen Nexö, Leipzig – ein Betrieb der INTERDRUCK Graphischer Großbetrieb GmbH
Printed in Germany

ISBN 3-310-00400-7

Inhalt

Vorwort

Dieser Ratgeber richtet sich an Sie – an Sie, die Sie sich mit der Thematik des Stotterns vertraut machen möchten, Sie als Betroffene, Sie als Angehörige und Freunde, Sie als interessierte Menschen. Ich möchte Ihnen Mut machen, aktiv zu werden und sich mit dem Stottern auseinanderzusetzen. Sei es mit Ihrem eigenen oder dem Nahestehender, Bekannter oder auch Fremder.

Dieses Buch basiert auf meinen langjährigen Erfahrungen in der Arbeit mit Stotternden. Es geht hervor aus meiner Tätigkeit in der sprachtherapeutischen Praxis, aber auch aus der wissenschaftlichen Beschäftigung mit dem Phänomen des Stotterns. Aus Gründen der besseren Lesbarkeit habe ich weitgehend darauf verzichtet, Literaturbelege im Text aufzuführen. Gleichwohl habe ich nicht nur zahlreiche Fakten aus anderen Veröffentlichungen entnommen, sondern von dort auch einige Anregungen bekommen. Sie sind in die einzelnen Kapitel eingeflossen. Ganz besonders gilt dies für die Veröffentlichungen von Hans-Werner Stecker, Tillmann Moser, Wolfgang Wendlandt, Malcom Fraser, Richard Ham. Für diejenigen Leser, die ihr Wissen noch weiter vertiefen möchten, habe ich einen Teil der von mir verwendeten Fachliteratur im Anhang aufgelistet.

Darüber hinaus bin ich vielen Menschen persönlich zu Dank verpflichtet. Sie haben mich in vielfältiger Weise bei der Arbeit an diesem Ratgeber unterstützt. Besonders danken möchte ich jenen, die durch zahlreiche Gespräche und ihre anregende Kritik an der Entstehung dieses Buches mitgewirkt haben: Oranna

Christmann (Sprachheilpädagogin), Ruth Heap (Geschäftsfüh-
rerin der Bundesvereinigung Stotterer Selbsthilfe e.V.), Ulrich
Natke (Mitarbeiter im Forschungsprojekt »Stottern«, Universität Düsseldorf) und Ralf Pollmann (Germanist).

Ich wünsche Ihnen bei der Beschäftigung mit dem Stottern viel
Kraft, Mut und Entschlossenheit.

Angelika Schindler

Was ist Stottern?

Diese Frage mag allzu banal erscheinen. Denn jeder von uns hat ein bestimmtes Bild vom Stottern im Kopf oder einen Höreindruck im Ohr. Jeder kennt Stottern aus irgendeinem Zusammenhang:

- ♦ aus persönlicher Betroffenheit,
- ♦ von Freunden, Bekannten oder Verwandten,
- ♦ aus dem Alltag,
- ♦ aus therapeutischer Perspektive,
- ♦ aus den Medien oder
- ♦ aus Witzen.

Doch frei nach dem Motto »Kennt man einen, kennt man alle«, lebt jeder in der Gefahr, je nach Intensität der Kontakte mit Stotternden seine wenigen Eindrücke unbesehen auf alle stotternden Menschen zu übertragen.

Gefährlich wird dies vor allem dann, wenn durch die Darstellung von Stotternden ein negatives Bild produziert wird, das nicht der Wirklichkeit entspricht. Dies geschieht etwa durch die Medien oder durch Witze. Die Folge davon ist die Stigmatisierung des einzelnen. Stigmatisierung bedeutet, daß der einzelne mit negativen Eigenschaften belegt und dadurch letztlich vorverurteilt und abgewertet wird.

Mangelnde Kenntnisse und falsche Sachinformationen lassen solche Vorurteile entstehen. Sie wiederum wirken auf die Betroffenen zurück. Denn der gesellschaftliche Umgang mit den stotternden Menschen hat enormen Einfluß auf die Problembewältigung des einzelnen. Wenn Stottern in unserer Gesellschaft als etwas betrachtet wird, wofür man sich schämen muß, dann verstärkt sich verständlicherweise das Problem. Mit anderen Worten: Wie wir als stotternde oder nichtstotternde Menschen mit anderen umgehen, deren Redefluß gestört ist und von der sprachlichen Norm abweicht, hat weitreichende Konsequenzen für sie. Daher möchte ich zunächst näher beschreiben, worum es beim Stottern eigentlich geht und aus welchen Komponenten es sich zusammensetzen kann.

Wenn ich sage »kann«, ist damit bereits die Vielfalt angedeutet, auf die wir beim Phänomen Stottern stoßen. Es gibt zwar einige charakteristische Merkmale des Stotterns, die vor allem die sogenannte Grundsymptomatik betreffen. Welche weiteren Komponenten hinzukommen, ist dagegen individuell unterschiedlich. Dies gilt insbesondere für die psychosozialen Folgen.

Dieses erste Kapitel soll aber nicht nur dem Zweck dienen, sich von Vorurteilen zu befreien. Es stellt zugleich die Grundlage für das dritte Kapitel dar, in dem es um die Diagnose des Stotterns geht. Denn um die charakteristischen individuellen Merkmale identifizieren und die daraus entstehenden Probleme des eigenen Stotterns einordnen zu können, ist Grundwissen über Stottern notwendig und hilfreich. Betroffene werden auf diese Weise zunehmend zu Experten in eigener Sache. Sie sind somit in der Lage, aktiv und eigenverantwortlich an ihrem Stottern zu arbeiten.

Der Blick dahinter: Wer stottert?

Blickt man in die Vergangenheit, so stellt man fest, daß es Stottern bereits seit Menschengedenken gibt. Denn schon immer lebten in allen Kulturkreisen und Bevölkerungsschichten stotternde Menschen. Und natürlich sind auch berühmte Persönlichkeiten darunter.

Eine der historisch ältesten Figuren ist der Grieche Demosthenes. Er wurde 384 vor Christus geboren und ging als berühmter Redner und Staatsmann in die Geschichte ein. Von ihm wird berichtet, er habe sein Stottern selbst in den Griff bekommen – indem er sich Kieselsteine in den Mund gelegt und damit gegen die Brandung des Meeres angesprochen habe. Zugleich suchte er den Auftritt in der Öffentlichkeit und ließ sich dort durch seine Redeflußstörung nicht vom Sprechen abhalten.

Mit Winston Churchill oder König Georg VI. wurden stotternde Staatsmänner berühmt. Und ob wir nun an SchauspielerInnen wie Marylin Monroe oder Bruce Willis, an Autoren wie Lewis Carroll oder John Updike denken: Stotternden Menschen begegnen wir in allen Bereichen der Gesellschaft. Natürlich nehmen sie nicht immer solche herausragenden Positionen ein, sondern üben die unterschiedlichsten Berufe aus. Doch sie alle zeigen uns immer wieder, daß man sich vom Stottern nicht in seiner Lebensplanung behindern lassen muß.

Um eines gleich klarzustellen: Stotternde Menschen unterscheiden sich in ihrer Persönlichkeit nicht von nichtstotternden Menschen. Es gibt unter ihnen genauso viele intelligente und weniger intelligente, sympathische und unsympathische, emotional stabile und emotional labile Menschen wie in der sogenannten »normalsprechenden« Bevölkerung. Mit den Witzfiguren oder Psychopathen, als die sie in Fernsehfilmen nur allzugern dargestellt werden, hatten sie noch zu keiner Zeit etwas gemein.

Bislang habe ich in der Mehrzahl von männlichen Stotternden gesprochen. Dies hat einen einfachen Grund: Es stottern mehr Männer als Frauen. In der Fachliteratur schwanken zwar die Angaben zu den Zahlenverhältnissen. Unbestritten ist jedoch, daß es einen Unterschied gibt. Für das Kindesalter wird meist das Verhältnis von 3:1 angegeben, d.h. auf drei stotternde Jungen kommt ein stotterndes Mädchen. Mit zunehmendem Alter wird dieser Unterschied größer. Auch bei anderen Sprachstörungen ist das männliche Geschlecht stärker betroffen. Woran liegt das?

Diese Frage führt uns bereits zu den möglichen Ursachen des Stotterns. Um sie soll es im nächsten Kapitel gehen. Doch so viel sei jetzt schon angedeutet: Es gibt zwei Erklärungsansätze, von denen allerdings keiner richtig bewiesen ist. Die eine Richtung argumentiert soziologisch und sucht die Ursachen im gesellschaftlichen Bereich. Andere ForscherInnen machen eher biologische Gründe verantwortlich.

Wie verbreitet ist das Stottern?

Im Kindesalter zeigt die Mehrzahl aller Kinder Unflüssigkeiten beim Sprechen. Dies hängt damit zusammen, daß die Flüssigkeit des Sprechens – wie andere Bereiche der komplizierten Sprachentwicklung auch – erst allmählich entsteht. Mit und ohne therapeutische Unterstützung verlieren sich diese Auffälligkeiten wieder. Nur bei etwa vier Prozent der Kinder kommt es zum Stottern.

Bis zum Erwachsenenalter nimmt die Anzahl der Redeflußstörungen weiter ab. Schätzungen von Fachleuten gehen davon aus, daß etwa ein Prozent der erwachsenen Bevölkerung stottert. Sehen wir uns näher an, womit sich etwa 800.000 Menschen allein in unserem Land konfrontiert sehen.

Wiederholungen, Dehnungen und Blockaden – die Grundauffälligkeiten des Stotterns

Stottern wird als auffallend häufige Unterbrechung des Sprechablaufs charakterisiert. Dabei kommt es zu plötzlichen Pausen vor einem Wort, einer Silbe oder einem Laut. Verzögerungen und Dehnungen beim Aussprechen einzelner Buchstaben sind ebenso zu hören wie Wiederholungen von Wort- und Satzteilen.

Diese Grundauffälligkeiten, die sogenannten Primärsymptome, kann man in zwei Kategorien unterteilen:

1) Klonische Symptome:
◆ Wiederholungen

2) Tonische Symptome:
◆ Dehnungen oder Verlängerungen (»Prolongationen«)
◆ Blockaden

Was ist mit klonischen Symptomen gemeint?

Hierfür sollten Sie folgendes Beispiel laut vorlesen. Sie bekommen so ein Gefühl für lockere Unflüssigkeiten im Sinne von Unterbrechungen im Redefluß. Gleichzeitig vermittelt Ihnen dies einen Höreindruck.

We-wenn mir morgens der Kaffeege-geruch in die Na-nase steigt, l-l-läuft mir das W-wasser im Mund zusammen und ich sch-springe aus dem Bett.

Im ersten Teil des Satzes hören Sie Silbenwiederholungen, der zweite Satzteil demonstriert Lautwiederholungen. Beginnen die Sprechstörungen aufzutreten, so wird diese Symptomform in ihrem Verlauf günstiger eingeschätzt als der Verlauf von tonischen Symptomen.

In der Medizin versteht man unter »klonisch« ruckartige, aufeinanderfolgende Kontraktionen und Erschlaffungen der Muskulatur; allgemein wird dies auch als »Muskelkrampf« bezeichnet. Beim Stottern ist davon die Sprechmuskulatur betroffen.

Dies drückt sich in mehr oder weniger schnellen Wiederholungen von Lauten, Silben oder Wörtern aus. Solche Wiederholungen hören sich sehr vielfältig an. Sie können buchstäblich knattern und rattern.

Anfänglich besteht das Stottern hauptsächlich aus spannungsarmen Wiederholungen. Doch für viele Stotternde bleibt es dabei nicht, und die Aussprache wird spannungsreicher. Das bedeutet: Der tonische Anteil steigt, Dehnungen und Blockaden in einem Satz nehmen zu. Dies wirkt sich auf den Satzrhythmus aus. Da einzelne Laute oder Silben unter größerer Sprechanstrengung hervorgebracht werden als notwendig, verändern sich auch die Betonung des Wortes, die Geschwindigkeit, in der dann weitergesprochen wird, manchmal auch die Lautstärke.

Doch nicht nur der Sprechrhythmus verändert sich. Auch die Art der klonischen Symptome ist mit zunehmender körperlicher Anspannung betroffen, und der sogenannte Schwa-Laut entsteht. In unserem Beispiel würde dann aus *w-wasser* durch vermehrte Sprechanstrengung *we-we-wasser* werden; dabei hört sich das *-e-* bei den Wiederholungen an wie z. B. der letzte Laut bei *Tasche*.

Diese Änderungen führen uns entsprechend der Entwicklung des Stotterns zum tonischen Symptombereich.

Was ist mit tonischen Symptomen gemeint?

Bei den tonischen Symptomen steigt die Muskelanspannung, wie bereits angedeutet, an. Kurz und bündig werden diese Symptome auch als »Toni« bezeichnet. Sie sind durch eine länger andauernde, ununterbrochene Phase des Muskelkrampfes gekennzeichnet.

Betrachten wir zunächst die Dehnungen. Sie sind noch spannungsärmer als die Blockaden. Dehnungen zeichnen sich da-

durch aus, daß einzelne Laute verlängert werden (»prolon-
giert«). Anders als bei den Wiederholungen wird hier das Sprechen nicht unterbrochen; statt dessen dauert die Aussprache
länger als üblich.

Nehmen Sie nun solche Dehnungen »in den Mund«, indem Sie
das folgende Beispiel wieder laut vorlesen.

*Mmmmanchmal würde ich am llliebsten die Koffffer
packen und auf eine einsammme Insel gehen.*

Blockaden zählen ebenfalls zu der Gruppe der Dehnungen. Sie
führen allerdings zur echten Unterbrechung des Sprechflusses.
Auch sind sie im Gegensatz zu den Dehnungen nicht hörbar.
Daher werden sie auch als stille Verlängerungen bezeichnet.
Blockaden gehen mit starken muskulären Anspannungen einher. Sie werden von den meisten Stotterern als besonders unangenehm empfunden.

Blockaden entstehen, wenn der Stotternde entweder die Lippen
zusammenpreßt, die Zunge an irgendeine Stelle in den Mund-
raum drückt oder im Kehlkopf, wo die Stimmlippen sitzen, eine
Spannung erzeugt. Wo diese Spannung genau entsteht, ist abhängig von der Artikulationsstelle und der Stimmhaftigkeit der
geplanten Wörter. Dies werden Sie beim nächsten kleinen Beispiel gleich feststellen können.
    Dabei können die Symptome am Anfang oder in der Mitte
eines Wortes oder Satzes auftreten.

Versuchen Sie jetzt einmal, vermehrt Spannung beim Sprechen
zu erzeugen. Halten Sie hierfür an den markierten Stellen die
Spannung und unterbrechen Sie auf diese Weise Ihr Sprechen.
Probieren Sie spielerisch aus, wie es sich anfühlt, wenn Sie
bewußt die Muskeln bei den verschiedenen Buchstaben an-
spannen.

P---lastikverp---ackungen mit einem g----rünen Punkt zu versehen, i----i--st der größte Mist d----es Jahrhunderts. Dies d---ürften uns die Umwel--tskandale gezeigt haben.

Konnten Sie feststellen, daß die Spannungen an verschiedenen Stellen auftraten? Je nachdem, welchen Buchstaben Sie gerade laut gelesen haben? Bei dem »P« haben Sie wahrscheinlich die Lippen zusammengepreßt. Beim »i« stieg möglicherweise die Spannung im Zwerchfell und im Kehlkopf an. Der Block beim »d« hat die Zungenmuskulatur und sicher den Tonus im Kehlkopf erhöht.

Diese sogenannte Primärsymptomatik von Wiederholungen, Dehnungen und Blockaden zeigen alle Stotterer. In der hier beschriebenen reinen Form treten sie in der Realität natürlich nicht immer auf. In der Regel sind die verschiedenen Formen gemischt. Beispielsweise gehen Wiederholungen in Dehnungen über. Oder Blockaden werden kurzfristig gelöst, um dann erneut aufzutreten. Folgerichtig wird dieses Stottern dann als »tonisch-klonisch« oder »klonisch-tonisch« bezeichnet, je nachdem, welcher Zustand überwiegt.

Interessanterweise können die Primärsymptome auch bei Nicht-Stotternden auftreten. Dies fand man durch Experimente heraus, bei denen die nichtstotternden Versuchspersonen Kopfhörer aufsetzen mußten. Durch diese Kopfhörer wurde ihnen ihr eigenes Sprechen um Bruchteile von Sekunden verzögert wiedergegeben. Im Ergebnis hörte man dann die beschriebenen Primärsymptome. Dies deutet darauf hin, daß das Entstehen von Stottersymptomen mit der auditiven Wahrnehmung zusammenhängen muß. Die auditive Wahrnehmung ist die Verarbeitung des Gehörten. Darauf werde ich im nächsten Kapitel eingehen.

Vielleicht werden sogar einige der nichtstotternden LeserInnen sagen: »Dazu brauche ich noch nicht einmal Kopfhörer aufzusetzen. Es kann doch jedem passieren, daß er ein Wort oder Teile eines Wortes wiederholt. Vielleicht tritt es nicht ganz so oft auf, wie im ersten Beispiel zu lesen war. Aber völlig flüssig ist mein Sprechen auch nicht. Manchmal, wenn ich sehr müde, unkonzentriert oder aufgeregt bin, sind sogar Dehnungen oder Blockaden im Sprechablauf zu hören. Ist das schon Stottern?«

Richtig ist, daß selbst bei den sogenannten »Normalsprechenden«, wenn man genau hinhört, häufig unflüssiges Sprechen festzustellen ist. Stotternde mit hohem sprachlichem Anspruchsniveau sollten sich dies vor Augen führen und sich die Mühe machen, ihre Umwelt daraufhin einmal systematisch »abzuhören«. Im Alltag gelingt es eben den wenigsten, mit geschulten NachrichtensprecherInnen zu konkurrieren. Perfekter Redefluß ist kein notwendiger Bestandteil einer gelungenen Kommunikation. Dennoch: Die Unflüssigkeiten stotternder unterscheiden sich deutlich von denen nichtstotternder Menschen – meist in der Anzahl, sicher aber auch in der Qualität der Symptome.

Stotternde produzieren die Symptome meistens mit mehr Sprechanstrengung. Untersuchungen haben außerdem ergeben, daß sich sogar die flüssigen Passagen der Rede von Stotterern in einigen Merkmalen unterscheiden. Diese sind allerdings im Alltag nicht weiter auffällig.

Zudem sind Stotternde – verständlicherweise – meist besorgter über ihre Sprechauffälligkeiten als die Nicht-Stotternden; sie denken nur wenig an ihre zeitweilig auftretenden Unflüssigkeiten. Bei Stotternden kann dies dazu führen, daß sie aus Scham und Frustration versuchen, ihre Symptome zu verbergen. Aus diesem Versuch heraus entstehen dann die sogenannten Sekundärsymptome. Sie stellen den gelernten, also später erworbenen Anteil am Stottern dar.

Was zu den Grundauffälligkeiten hinzukommt

Im Gegensatz zur bislang beschriebenen Grundsymptomatik variiert die *Sekundärsymptomatik* stärker von Person zu Person: Jeder Stotternde entwickelt sein eigenes Set von Auffälligkeiten. Daher stellt man im Gespräch mit Stotterern immer wieder fest, daß nicht jeder gleich stottert. So kommt es auch zu der Aussage: Es gibt so viele Möglichkeiten zu stottern, wie es Menschen gibt, die stottern.

Daß diese Auffälligkeiten nachträglich entstehen und somit erlernt wurden, darauf weisen Erfahrungen mit dem sogenannten Pseudostottern hin. Versuche dazu haben wir mit angehenden Sprachtherapeutinnen gemacht. Beim Pseudostottern geht es darum, aus therapeutischen und diagnostischen Gründen Symptome zu simulieren. Die Studierenden sollten also Symptome aus dem Bereich der Primärsymptomatik vormachen. Sie stellten schnell fest, daß sie darüber hinaus ungewollt sofort kleinere Begleitsymptome entwickelten. Dies waren beispielsweise: rhythmisches Schaukeln mit dem Oberkörper, Veränderung des Atemmusters, Abbruch des Blickkontaktes.

Diese sekundären Symptome treten nicht ohne Grund auf. Man kann sie entschlüsseln. Im Ergebnis haben sie alle das Ziel, das Stottern zu vermeiden oder seine Symptome zu überwinden. Allerdings verschaffen sie – wenn überhaupt – nur kurzfristig Erleichterung. Statt dessen werden sie wie ein Ritual eingesetzt. Und mit der Zeit werden sie selbst zum festen Bestandteil des Stotterns. Indem sie immer automatischer ablaufen, entziehen sie sich der willentlichen Kontrolle. Häufig sind sie dann störender und auffälliger als die eigentliche Grundsymptomatik. Deshalb sagt man auch:

Stottern ist das, was ein Stotterer tut, wenn er versucht, nicht zu stottern!

Bei diesen erlernten Symptomen kann man also eher von Selbsthilfeversuchen sprechen, die mißlungen sind. Es gibt viele solcher mißlungenen Selbsthilfeversuche. Lesen Sie die folgenden Beispiele wieder laut vor, um ein Bewegungs- und Hörgefühl für Sekundärsymptome zu bekommen.

Neuversuch

Unter Neuversuch versteht man den Abbruch des Sprechens, wenn primäre Stotter-Symptome auftreten. Es geht dann darum, den Satz entweder von vorne zu beginnen oder vorangegangene Wörter zu wiederholen.

> *Ich hätte g---* (nicht hörbarer Block – Abbruch – Neuversuch) *ich hätte gerne das neueste Buch aus dem Verlag der B---* (nicht hörbarer Block – sofortiger Abbruch – Neuversuch) *aus dem Verlag der Bundesvereinigung Stotterer-Selbsthilfe.*

Substitution

Substitution bedeutet das Ersetzen von Wörtern, bei denen vermutlich oder aktuell spürbar Symptome auftreten werden. Sie ist eine häufig von Stotternden genutzte Strategie. Manche Stotterer haben es zu wahren Meistern gebracht, blitzschnell ein anderes Wort zu finden. Für Außenstehende kann dies völlig unauffällig klingen. Deshalb kann man diese Strategie eigentlich schlecht an einem Beispiel verdeutlichen. Ich will es trotzdem versuchen.

Stellen Sie sich vor, jemand hat Schwierigkeiten bei dem Laut »T«. Er hat in seiner Stotter-Lerngeschichte bereits häufiger die Feststellung gemacht, daß er bei den Wörtern mit »T« am Anfang hängenbleibt. Er weiß sich nicht anders zu helfen, als nach einer anderen Bezeichnung Ausschau zu halten. Im folgenden stehen die ursprünglich beabsichtigten Wörter in Klammern.

Bitte geben Sie mir noch einen (Sprechpause) Plastikbeutel (anstelle von: Tragetasche). Meine ist randvoll. Danke! Könnten Sie mir jetzt noch bitte (Sprechpause) den Ausgang (anstelle von: die Türe) aufhalten?

Nicht immer sind diese Synonyme gerade noch so treffend wie hier. Wenn man kompliziertere Sachverhalte ausdrücken möchte, sind dem Ersetzen engere Grenzen gesetzt. Manche Informationen, wie etwa der eigene Name, können ohnehin nicht ausgetauscht werden.

Einschübe

Sogenannte Einschübe können aus einem Laut (»Embolophonie«), einem Wort (»Embolophrasie«) oder mehr oder weniger passenden Floskeln gebildet werden. Auch Schluckbewegungen oder Gesten werden genutzt. Sinn und Zweck dieser Einschübe ist es, den gefürchteten Stottermoment so lange wie möglich hinauszuschieben. In der Hoffnung, daß er sich »in Luft auflöst«. Hier wieder eine kleine Sprechprobe:

Ähm also ich hätte da mal eine Frage ja also wo geht es zum ähm ja ähm zum Bahnhof?

Einschübe treten auch in Form von *Sprechpausen* auf. Solche stillen Strategien sind hervorragende Tarnungen. Sie werden von Gesprächspartnern als Denkpausen aufgefaßt. Dementsprechend schätzt man die jeweilige Person als ruhig, nachdenklich oder besonnen ein – nur nicht als Stotternden.

Starter

Starter sind ähnlich wie Einschübe. Sie dienen dazu, von einem Laut, Wort oder einer Floskel in den Redefluß zu kommen und in das geplante Wort überzuleiten. So wird z. B. beim »Ähm« genutzt, daß die Stimmbänder bereits schwingen und so keine Blockade im Kehlkopf auftreten kann.

Umschreibung

Eine weitere Vermeidungsstrategie ist die Umschreibung von jenen Wörtern, bei denen ein Stottern aufgrund von Erfahrungswerten konkret erwartet wird.

Auslassung

Eine andere Möglichkeit ist die Auslassung von Wörtern. So entsteht beim Gesprächspartner der Eindruck, man wisse etwas nicht genau oder habe es »auf der Zunge«.

Ich hätte gerne das neueste Buch der Autorin, wie heißt sie noch gleich, die neulich hier bei einer Lesung war.

Stottern birgt eine verführerische Möglichkeit – dadurch, daß es für andere nicht hörbar sein muß. Denn durch den sprachlichen Rückzug, der bis zum Schweigen reicht, kann der Schein des sogenannten Normalsprechenden aufrechterhalten werden.

Vermeidungsstrategien erfordern vom Stotternden häufig so viel Aufmerksamkeit, daß er einem Gespräch nicht mehr entspannt folgen kann. Welche Belastungen sich daraus ergeben, ist unterschiedlich. Einige Stotterer leiden stark darunter, da ihnen auffällt, daß sie teilweise nicht genau das sagen, was sie denken. Anderen dagegen bereitet dies weniger Schwierigkeiten. Letztlich aber muß jeder für sich selbst entscheiden, was ihm die Vermeidungsstrategien bringen. Maßstab ist das persönliche Wohlbefinden.

Befreiungs-Tricks

Wenn ein Symptom nicht mehr verborgen werden kann, kommen Befreiungs-Tricks zum Einsatz. So zumindest bezeichnet man den Einsatz von Gesten, Lauten oder Bewegungen, die dabei helfen sollen, das Stottern unauffällig zu beenden. Der eine hüstelt, die andere lacht, wiederum andere strecken ruckartig den gesamten Oberkörper in die Höhe – der Vielfalt sind keine Grenzen gesetzt. Einige dieser Taktiken sind unauffälliger als andere.

Wenn in manchen Momenten sprachlich überhaupt nichts funktioniert, versucht der Stotternde, die für das Sprechen erforderliche Muskelspannung zu erhöhen. Er hofft, dadurch die Symptome überwinden zu können. Die Folge ist aber dann, daß der Atemfluß irritiert wird und man aus dem Sprechrhythmus gerät. Ungewollt verstärkt sich somit die Störung im Redefluß.

Im Laufe der Jahre führt dies bei vielen dazu, daß Stottersituationen von vornherein erwartet werden. Die größte Sicherheit vor dem Stottern bietet dann der sprachliche Rückzug. Letztendlich versucht dann so mancher, so viele Kommunikationssituationen wie möglich zu vermeiden.

Die Seite des Stotterns, die man weder hört noch sieht – die Gefühle

Der Grund dafür, Stottern um jeden Preis verhindern zu wollen, ist häufig Angst und Scham. Solche negativen Gefühle sind für Außenstehende nicht zu hören oder zu sehen. Gespeist werden sie aus drei wesentlichen Quellen:
◆ den eigenen unangenehmen Gefühlen des Kontrollverlusts über die Sprechwerkzeuge;
◆ den realen herabwürdigenden Reaktionen anderer;
◆ den erwarteten oder phantasierten Herabwürdigungen durch andere Menschen.

Kontrollverlust
Wer bei dem Versuch, flüssig zu sprechen, häufig scheitert, wird zunehmend frustriert. Aus dem Versuch, Wiederholungen

zu vermeiden, können sich verstärkte muskuläre Verspannungen ergeben. So entstehen dann tonische Symptome.

Eine andere Interpretation neigt dazu, die Qualität der Symptome als Indiz dafür zu sehen, daß mehr neurophysiologische Faktoren an der Grundstörung beteiligt sind, daß also das Nervensystem eine wichtige Rolle spielt.

Unabhängig vom Grund des Auftretens der verschiedenen Symptome kann festgehalten werden: Unangenehme Gefühle stellen sich bei vielen Menschen ein, die stottern. Sie belasten immer den einzelnen. Mit verschiedenen Methoden und Techniken kann die Kontrolle über das Sprechen jedoch verbessert werden.

Die herabwürdigende Reaktion anderer

Zur zweiten der oben genannten Quellen für negative Gefühle – die herabwürdigende Reaktion anderer auf den stockenden Redefluß. Sie scheint mir für das Verständnis wesentlich zu sein. In einer Talk-Show zum Thema Stottern berichtete beispielsweise eine stotternde Frau, daß selbst einer ihrer Lehrer dem Gespött der Mitschülerinnen und Mitschüler nichts entgegensetzte. Im Gegenteil: Er machte selbst dumme Bemerkungen.

Gesellschaftliche Bedingungen, zu denen ich auch die Art des Umgangs mit normabweichendem Verhalten zähle, sind zwar nicht die Ursache für das Stottern. Sie beeinflussen jedoch die psychosoziale Folgeproblematik des Stotterns, indem sie auf die Stärke und die Art der Symptome wirken können. In einer Therapie halte ich es daher für sehr wichtig, Strategien zu entwickeln, wie man mit diesen negativen Reaktionen umgeht.

Die dritte Quelle negativer Gefühle ist eng verknüpft mit der zuvor beschriebenen. Nicht alle Reaktionen auf das Stottern sind derart unangemessen wie die des Lehrers. Vielfach ist jedoch nicht die Anzahl, sondern die Qualität der Reaktionen entscheidend. Vor allem die Reaktion von Personen, die dem Stotternden etwas bedeuten. So antwortete ein Stotternder auf die Frage, was ihm in seiner Vorstellung schlimmstenfalls passieren könnte, wenn er offen stotterte: Daß sein Gegenüber ihn ignorierte. Auf weitere Nachfragen erzählte er von seiner belastenden Schulerfahrung mit einer Lehrerin. Sie habe alle Kinder der Reihe nach vorlesen lassen. Wenn er an die Reihe kam, habe sie unabgesprochen und selbstverständlich den nächsten aufgerufen. Dies muß auf ihn wie ein Ausblenden der Person gewirkt haben und sehr verletzend gewesen sein.

Solche negativen Reaktionen können viele Jahre lang nachwirken. Sie können Betroffene unbemerkt in ihren Handlungsmöglichkeiten begrenzen, wenn sie nicht hinterfragt werden. Deshalb ist es in der Therapie sinnvoll, sich der phantasierten Ängste bewußt zu werden und sie auf ihre aktuelle Relevanz hin zu überprüfen. Die Wirklichkeit ist längst nicht immer so brutal wie die eigenen vorgestellten Herabwürdigungen.

Die Verselbständigung der Angst

Die Angst vor dem Stottern, die ständige Alarmbereitschaft – all das kann sich im Laufe der Jahre verselbständigen. Der Betroffene leidet schließlich stärker unter der Angst vor dem Stottern als unter dem Stottern selbst. Aus diesem Grund ist der Angstabbau in der Stottertherapie ein wichtiges Element, das nicht fehlen darf. Denn gleichgültig, wie lange jemand flüssig spricht: Die Angst vor dem Stottern holt viele wieder ein. Sie wird zum zentralen Thema, wenn das absolut fehlerfreie fließende Sprechen, das Phantombild des »Normalsprechers« das Ziel wird.

Die enorme Belastung, die sich aus der Fixierung auf das stotterfreie Sprechen in allen Lebensbereichen ergeben kann, begleitet nicht nur schwer stotternde Menschen. Ich kenne einige Menschen, die nur geringe Symptome produzieren; diese beeinträchtigen die Kommunikation nicht. Doch der Leidensdruck, der sich aus der Tatsache des Stotterns entwickeln kann, ist unabhängig von dem hör- und sichtbaren Ausmaß.

Roswitha Dellwing, Mitbegründerin der ersten Stotterer-Selbsthilfegruppe in Berlin, schreibt rückblickend:

>*Ich habe viele Jahre hinter mir, in denen ich mich unwohl fühlte, ich preßte, schwitzte, ich vermied es zu sprechen, vermied bestimmte Wörter, litt vor allem unter meiner Angst, daß ich wieder stottern könnte. Ich spielte ein Spiel – die Rolle des Normalsprechenden. Ich wollte nicht als Stotterer erkannt werden, obwohl jeder hörte, daß ich Stotterer bin. Ich kämpfte gegen das Stottern, wodurch es nur noch schlimmer wurde – ein einziger Teufelskreis.*« (in: Hennen, Erhard (Hg.): Entmachtung des Stotterns.)

Die Angst vor dem Stottern führt bei vielen zu vegetativen Reaktionen: Schweißausbruch, Magenschmerzen, Zittern, Erröten – um nur einige Auffälligkeiten zu nennen. Außerdem berichten viele Betroffene von Schamgefühlen, wenn es wieder einmal nicht geklappt hat mit dem flüssigen Sprechen.

Die Forschung konnte nachweisen, daß Erwachsene, die bereits über einen längeren Zeitraum stottern und dies zu vermeiden versuchen, im allgemeinen ein leicht erhöhtes Angstniveau aufweisen. Dies ist eine unmittelbare psychosoziale Folge des Stotterns. Außerdem sind sie in sozialen Situationen sensibler, unsicherer und haben ein geringeres Selbstbewußtsein als Erwachsene, die nicht stottern. Steht dies nun im Gegensatz zu der Aussage, daß stotternde Menschen »wie du und ich« sind? Nein. Denn mit dieser Aussage sollte klargestellt werden, daß Stottern nicht eine Folge besonderer psychischer

Merkmale ist. Daß sich dagegen aus der Erfahrung mit der Redeflußstörung Unsicherheiten und Ängste entwickeln können, dürfte jedem sofort einleuchten.

Körper und Seele bilden eine Einheit, die sich vor dem Hintergrund der Gesellschaft entwickelt. Das Phänomen des Stotterns basiert auf einer neurophysiologischen Störung. Doch enormen Einfluß auf die Ausprägung und Aufrechterhaltung der Symptomatik und die damit verbundenen Gefühle haben psychische und soziale Aspekte. So sind sie letztlich für die Lebenszufriedenheit verantwortlich.

Memo

Stotternde Menschen sind »wie du und ich«. Stottern ist kein Ausdruck einer psychischen Störung.

Stottern muß keinen an der persönlichen und beruflichen Selbstverwirklichung hindern. Viele berühmte Persönlichkeiten stottern.

Nach Schätzungen von Fachleuten stottert etwa ein Prozent der Bevölkerung. In Deutschland sind dies rund 800.000 Menschen.

Stottern besteht in seinen hör- und sichtbaren Anteilen aus einer Primär- und aus einer Sekundärsymptomatik.

Die Primärsymptomatik besteht aus Wiederholungen, Dehnungen und Blockaden. Diese Symptome sind bei den meisten Stotternden zu hören.

Die Sekundärsymptomatik entwickelt sich aus den Erfahrungen mit dem Stottern. Es handelt sich dabei um mißlungene Selbsthilfeversuche, Stottern um jeden Preis zu verhindern. Die Bandbreite dieser Folgeerscheinungen ist groß.

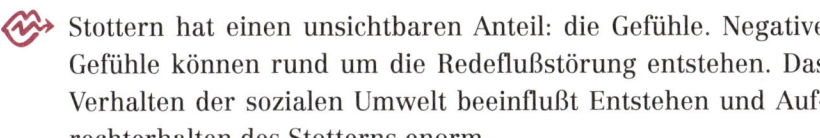 Stottern hat einen unsichtbaren Anteil: die Gefühle. Negative Gefühle können rund um die Redeflußstörung entstehen. Das Verhalten der sozialen Umwelt beeinflußt Entstehen und Aufrechterhalten des Stotterns enorm.

Psychische Probleme von Stotternden entstehen durch ihre Erfahrungen mit dem Stottern. Die psychosoziale Folgeproblematik muß in der (Selbst-)Therapie bearbeitet werden. Damit kann eine dauerhafte Verbesserung der Symptomatik und der Lebensqualität erzielt werden.

Wie entsteht Stottern?

Um es gleich vorwegzunehmen: *Die* Ursache für das Stottern gibt es nicht. Nicht nach unseren eigenen Kenntnissen und Erfahrungen und nicht nach dem heutigen Stand der Wissenschaften.

Dennoch wird die Frage nach der einen Ursache immer wieder aufgeworfen. Sie geht zurück auf ein bestimmtes medizinisches Krankheitsmodell, das davon ausgeht, daß Stottern von seiner Ursache her ein einheitliches Störungsbild sei. Nur sei die hinter allen Stotterformen vermutete gemeinsame Ursache noch nicht erkannt.

Stottern so zu betrachten, hat in eine Sackgasse geführt. Bei der Suche nach der einen richtigen Antwort wurden zwar zahlreiche Theorien aufgestellt. So fragten einige ForscherInnen etwa: Ist Stottern vererbbar? Ist Stottern ein Anzeichen für psychische Probleme? Beruht Stottern auf einer Wahrnehmungsstörung? Ist das Elternverhalten die eigentliche Ursache für das Stottern? Mit dieser Aufzählung ist die gesamte Bandbreite der Forschungsansätze längst noch nicht erfaßt. Die Fragestellungen waren konzentriert auf einen kleinen Ausschnitt menschlichen Erlebens und Verhaltens. Darauf abgestimmte Meßverfahren wurden entwickelt und zur systematischen Auswertung eingesetzt. Wurden die Ergebnisse anschließend aber auf die Mehrzahl der Stotternden bezogen, waren sie in den seltensten Fällen eindeutig und meistens umstritten.

Zugrundeliegende Bedingungsfaktoren

Die Suche nach einer allgemeingültigen Ursache hat sich als unfruchtbar erwiesen. Keine einzige monokausale, auf eine Ursache zurückführende Erklärung hat sich bis zum heutigen Tage als zutreffend oder angemessen für alle Stotterformen herausgestellt. Denn der Redeflußstörung Stottern liegt ein *komplexes Bedingungsgefüge* zugrunde, das mehrere Aspekte (körperliche, psychische, soziale, sprachliche) umfaßt.

Aufgrund dieser Erkenntnis wurde Anfang der achtziger Jahre ein sogenannter Paradigmenwechsel vollzogen, das heißt: Die Art und Weise, wie Stottern fortan betrachtet wurde, änderte sich. Zum einen betrifft dies die bereits geschilderte Tatsache, daß dem Stottern – ähnlich wie z. B. dem Störungsbild Kopfschmerzen – unterschiedliche Ursachen zugrunde liegen. Zum anderen ist mit der neuen Sichtweise ein weiterer Aspekt ins Gespräch gekommen: die Feststellung, daß Stottern keine statische, sondern eine dynamische Störung ist.

Wie sich die Symptome und die begleitenden Gefühle im Verlauf der Zeit ändern können, ist im ersten Kapitel bereits deutlich geworden. Wodurch Stottern samt seinen Veränderungen über die Jahre hinweg entsteht, darum geht es jetzt bei der Suche nach den zugrundeliegenden Bedingungsfaktoren.

Natürlich haben nicht alle Faktoren (siehe Abbildung 2) denselben Stellenwert, wenn es um ihre ätiologische Bedeutung geht, also ihren Einfluß als Krankheitsursache. Deshalb unterscheidet man zwischen den disponierenden, den auslösenden und den aufrechterhaltenden Bedingungen.

Disponierende Bedingungen
Disposition bedeutet Veranlagung. Damit ist die Beschaffenheit des Organismus gemeint als Voraussetzung dafür, daß schädi-

gende Einflüsse überhaupt wirken können. Man kann auch sagen, daß Disposition die Empfänglichkeit oder Ansprechbarkeit des Körpers für Krankheiten oder Störungen meint. Eine Disposition wird beispielsweise erworben durch Vererbung, Einflüsse vor, während oder nach der Geburt oder aufgrund frühkindlicher Entwicklungsbedingungen.

Auslösende Bedingungen
Sie fallen durch ihre zeitliche Nähe zum Stottern auf und können vielfältiger Natur sein.

Aufrechterhaltende Bedingungen
Damit meint man Faktoren, welche die Störung verstärken, ihre Rückbildung erschweren und sie so zu einer länger andauernden Angelegenheit werden lassen. Hinzu kommt, daß sich das Stottern auch auf andere Lebensbereiche auswirken kann, die nicht unmittelbar mit sprachlichen Anforderungen verknüpft sind. Schematisch ist dies in der folgenden Graphik noch einmal dargestellt.

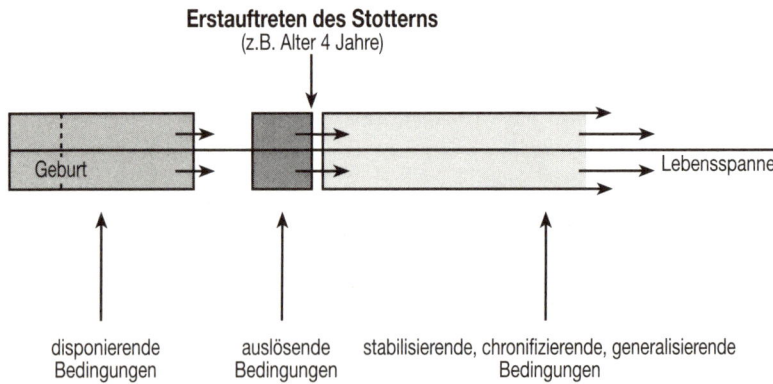

Abbildung 1: Ätiologische Bedingungskonstellationen des kindlichen Sotterns (Schulze und Johannsen, 1990);
Quelle: Die Sprachheilarbeit 36 (1991) 3, S. 99–107.

Betrachtet man die Zeitachse, auf der zu unterschiedlichen Zeitpunkten verschiedene Bedingungskonstellationen bestehen können, wird klar: Wissenschaftliche Untersuchungen, die zu einem bestimmten Zeitpunkt auf dieser Längsachse Ursachen suchen, haben einen Nachteil. Sie können – wie bereits oben ausgeführt – nur einen kurzen Augenblick erfassen.

Mit der folgenden Abbildung möchte ich konkret zeigen, welche Bedingungsfaktoren hauptsächlich im Gespräch sind bzw. waren.

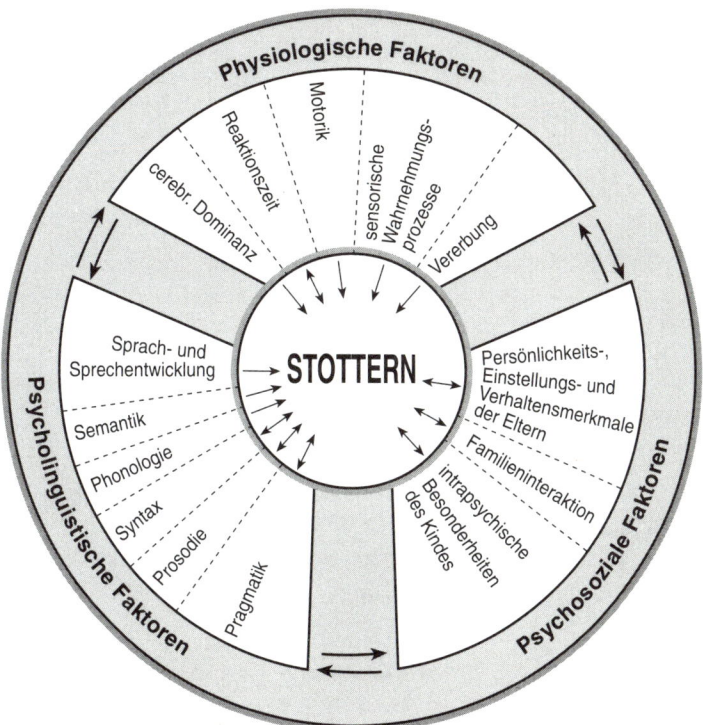

Abbildung 2: Modell der interaktiven Beziehung physiologischer, psycholinguistischer und psychosozialer Variablen für die Entstehung, die Aufrechterhaltung und den Verlauf des kindlichen Stotterns (Johannsen & Schulze, 1988 c); Quelle: Schulze, Hartmut. Stottern und Interaktion. Ulm, 1989.

Man sieht in der Graphik drei Gebiete, zu denen wissenschaftliche Beobachtungen vorliegen:

- die *Physiologie*, die sich den körperlichen Prozessen widmet;
- die *Psycholinguistik*, ein Teilgebiet der Psychologie, das sich mit Sprachprozessen und dem Spracherwerb beschäftigt;
- das *Psychosoziale*, das den engen Zusammenhang von individuellem Erleben und Verhalten und sozialem Umgang bzw. sozialen Bedingungen betont.

Man kann davon ausgehen, daß es in der Regel nicht ein einzelner dieser drei Faktoren ist, der dem Störungsbild zugrunde liegt. Vielmehr ist eine individuell unterschiedliche Kombination aus den verschiedenen Bereichen zu vermuten.

Memo

Keine der hier dargestellten Annahmen kann das Phänomen des Stotterns allein erklären. *Die eine* Erklärung für die gesamte Gruppe der Stotternden gibt es nicht.

Dem Stottern jedes einzelnen liegen unterschiedliche Faktoren zugrunde.

Faktoren, die das Stottern ermöglicht und ausgelöst haben, können sich von denen unterscheiden, die das Stottern aufrechterhalten. Eine Erklärung sollte daher immer genau angeben, wie weit ihre Aussagekraft reicht.

Die Annahme eines multifaktoriellen Bedingungsgefüges, daß also zahlreiche Faktoren für Entstehen und Aufrechterhalten des Stotterns verantwortlich sind, scheint derzeit der beste Erklärungsansatz zu sein.

Das psychosoziale Umfeld

Bei der Darstellung der verschiedenen möglichen Ursachen möchte ich mit einem der traditionellen Faktoren aus dem psychosozialen Bereich beginnen: dem Elternverhalten. Traditionell deshalb, weil diese Betrachtungsweise hierzulande sehr lange die wissenschaftliche Diskussion und den therapeutischen Alltag bestimmt hat.

Zunächst gilt es, ein gängiges Vorurteil aus dem Weg zu räumen, mit dem Eltern immer noch konfrontiert werden: »Stottern entsteht in den Ohren der Eltern.« Dieser Erklärungsansatz geht auf Johnson zurück. Er war der Überzeugung, daß Stottern erst dadurch richtig auftritt, indem Eltern, LehrerInnen oder andere das Kind darauf aufmerksam machen, daß mit seiner Sprechweise etwas nicht in Ordnung sei.

Heute steht fest, daß dieser Ansatz unzureichend ist. Denn systematische Beobachtungen legen nicht nahe, daß die Ursache für das Entstehen des Stotterns im Verhalten der Eltern zu sehen ist.

Welche Rolle spielen die Eltern dann? Sind sie überhaupt verantwortlich zu machen? Welchen Einfluß können sie ausüben? Solche Fragen sind nur schwer zu beantworten. In jedem Fall sind hier pauschale Antworten fehl am Platz. Nur eine konkrete Überprüfung des Einzelfalls könnte Aufschluß darüber geben, ob etwa ein ungünstiges Familienklima vorliegt oder das sprachliche Verhalten der Eltern entwicklungshemmend ist.

So müssen denn auch therapeutische Maßnahmen auf einer breit angelegten individuellen Diagnostik der kindlichen Entwicklung und der familiären Situation beruhen. Generell kann man aber immerhin sagen, daß Eltern als Erziehende durch ihr Verhalten einen Einfluß auf das Stottern ihrer Kinder ausüben. Dieser kann positiv sein, wenn Eltern mit dem Stottern angemessen umgehen. Er kann allerdings auch negativ sein und die Sprechstörung verschlimmern.

Doch selbst dem Einfluß der Eltern sind Grenzen gesetzt. Ihr Verhalten ist nur ein Faktor in dem komplizierten Bedingungsgefüge. Selbst bei ungünstigen kommunikativen Verhaltensweisen entsteht nicht zwangsläufig kindliches Stottern oder bleibt aufrechterhalten. Ein Kind kann trotz optimaler Umweltbedingungen stottern. Das legt die Vermutung nahe, daß physiologische Faktoren eine größere Rolle spielen müssen.

Memo

Ein gängiges Vorurteil besteht in der Annahme, im Verhalten der Eltern sei die Ursache für das Stottern ihres Kindes zu suchen. Nach heutigem Wissen ist diese Annahme nicht haltbar.

Durch ihr Verhalten können Eltern einen positiven oder negativen Beitrag leisten, um das Stottern zu bewältigen. Sie können durch die Akzeptanz des Stotterns zu gesteigerter Lebenszufriedenheit beitragen und so eine gute Ausgangsbasis zur Reduktion von Symptomen schaffen.

Dennoch berechtigt nichts von vornherein zu der Annahme, daß bei stotternden Kindern das Familienklima ungünstig sei.

Den Einflußmöglichkeiten der Eltern sind auch Grenzen gesetzt. Manche stotternden Kinder gelangen trotz ungünstigen Elternverhaltens zur Sprechflüssigkeit. Andererseits kann auch trotz optimalen Verhaltens der Eltern Stottern auftreten und aufrechterhalten bleiben. Dies deutet auf eine stärkere Beteiligung physiologischer Faktoren hin.

Therapeutische Maßnahmen müssen auf einer gründlichen Diagnostik beruhen.

Die genetischen Bedingungen

Welche Aussagen kann die Genetik als die Lehre der Vererbung zu den Ursachen des Stotterns machen? Es ist wichtig festzustellen, daß es hierbei nicht um die Frage geht, ob das Stottern vererbt wird. Statt dessen steht die Frage im Vordergrund, ob eine gewisse Veranlagung zum Stottern vererbt werden kann.

Die Wissenschaft sagt hierzu: Selbst wenn es wahrscheinlich ist, daß eine gewisse Veranlagung zum Stottern vererbt werden kann, müssen weitere Umweltfaktoren hinzukommen, damit das Stottern tatsächlich auftritt.

Diese Ergebnisse legt die Zwillings- und Familienforschung nahe. Bei einem eineiigen Zwillingspaar stottern beide Kinder häufiger (ca. 77 Prozent), als dies bei einem gleichgeschlechtlichen zweieiigen Paar der Fall ist (32 Prozent). Bei gleichgeschlechtlichen Geschwistern dagegen sinkt die Auftretenshäufigkeit auf zirka 18 Prozent. Aufgrund dieser Daten ist ein genetischer Einflußfaktor anzunehmen. Allerdings weist die Tatsache, daß selbst bei eineiigen Zwillingen nicht immer beide stottern, genauso eindringlich auf einen nicht näher zu bestimmenden Umweltfaktor hin. Trotz vieler Einwände und Möglichkeiten der Interpretation dieser Zahlen gilt eine Erkenntnis als gesichert: Stottern tritt familiär gehäuft auf.

Erforscht man die Familien der Stotternden, zeigt sich, daß das Risiko zu stottern auch vom Geschlecht abhängt. Denn es gibt in den untersuchten Familien mehr männliche als weibliche stotternde Verwandte. Stottert allerdings die Mutter, so erhöht sich das Risiko vor allem für ihre Söhne, ebenfalls zu stottern.

Es spricht vieles für einen genetischen Einfluß beim Stottern. Doch seine genaue Rolle ist derzeit noch ebenso unklar wie auch die Frage, welche Informationen wie übertragen werden.

Memo

 Es spricht vieles für einen genetischen Faktor beim Stottern. Seine genaue Rolle und welche Informationen wie übertragen werden, ist dagegen noch ungeklärt.

 Gesichert ist die Erkenntnis, daß Stottern familiär gehäuft auftritt. Bei eineiigen Zwillingspaaren stottern in ca. $^2/_3$ der Fälle beide Kinder. Prozentual stottern mehr Jungen als Mädchen.

Die sprechmotorischen Einflüsse

Sprechen ist eine komplexe Leistung der Motorik, also der Bewegungsabläufe. Nachdem man sich der Aussage inhaltlich bewußt ist, muß eine Auswahl der Bewegungen für die Aussprache der Laute getroffen sowie deren Reihenfolge festgelegt werden. Nur so können sinnvolle Wörter entstehen. Kontrollinstanzen im Nervensystem, Gehirn und Gehör überwachen den Sprechvorgang und greifen gegebenenfalls korrigierend ein. Dieser Prozeß läuft innerhalb kürzester Zeit und natürlich unbewußt ab. Er erfordert ein hohes Maß an Koordination, denn immerhin sind beim Sprechen zahlreiche Muskeln beteiligt. Dieser Vorgang erinnert an ein Orchester, bei dem niemand zeitlich verzögert einsetzen darf. So bedarf auch der Bewegungsvorgang beim Sprechen einer hohen Präzision.

Diese Überlegungen waren es, die Forscher motivierten zu untersuchen, ob bei der Sprechmotorik von stotternden Menschen irgend etwas Auffälliges zu beobachten ist. In einigen Versuchen ging es darum, die Zeit zu messen, die Stotternde und Nicht-Stotternde benötigen, um so schnell wie möglich auf einen über das Auge oder das Gehör vermittelten Reiz zu reagieren. Dabei mußten sie entweder durch ihre Stimme oder durch Fingerbewegungen reagieren. Die gewonnenen Ergebnisse weisen darauf hin, daß Stotternde längere Reaktionszeiten benötigen als Nicht-Stotternde, wenn eine sprachliche

Reaktion gefordert war. Bei anderen nichtsprachlichen motorischen Aufgaben wie Fingerbewegungen waren die Befunde dagegen nicht so einheitlich.

Handelte es sich allerdings um kompliziertere Bewegungsanforderungen, bei denen nicht nur eine einfache Reaktion, sondern die Ausführung einer vorgegebenen Reihenfolge von Fingerbewegungen verlangt wurde, kamen detailliertere Ergebnisse zustande: In der Reaktionszeit und der Fehleranzahl unterschieden sich die Gruppen Stotternder und Nicht-Stotternder statistisch nicht bedeutsam.

Worin sich die Gruppe der Stotternden allerdings abhob, war die gesamte Dauer der Ausführungszeit für diese komplizierteren Bewegungsabfolgen. Denn sie benötigten mehr Zeit als die Nicht-Stotternden. Ein Erklärungsansatz hierfür könnte sein, daß die Kapazität für die Geschwindigkeit von hintereinandergeschalteten Bewegungen bei Stotternden begrenzter ist als bei Nicht-Stotternden. Ausgleichen könnte man dies eventuell dadurch, daß die Bewegungen verlangsamt werden. Diese Erkenntnis wird bedeutsam für therapeutische Maßnahmen. Im vierten Kapitel werde ich darauf noch einmal eingehen.

Memo

 Forschungsergebnisse belegen, daß Stotternde längere Reaktionszeiten benötigen als Nicht-Stotternde, wenn sie auf ein Signal hin sprachlich reagieren sollen.

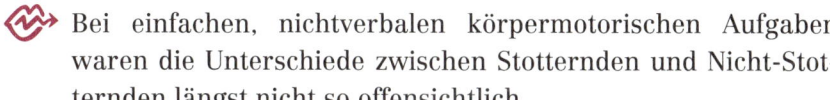 Bei einfachen, nichtverbalen körpermotorischen Aufgaben waren die Unterschiede zwischen Stotternden und Nicht-Stotternden längst nicht so offensichtlich.

 Schwierigkeiten bei körpermotorischen Aufgaben zeigten sich für die Gruppe der Stotternden erst dann, wenn es sich um

komplexere Bewegungsaufgaben handelte, die eine sequentielle Organisation erfordern. Stotternde benötigten mehr Zeit für die Bewegungsausführung.

 Bei sprechmotorischen Aufgaben war es der Betonungswechsel, der schwerfiel.

Die Sprechkontrolle durch das eigene Gehör

Mit auditiver Wahrnehmung ist die Verarbeitung von Sinnesinformationen gemeint, die das Gehör betreffen.

In diesem Bereich machte in den 50er Jahren der Forscher Lee Furore. Lee gelang es mit Hilfe eines Tonbandgeräts, das eigene Sprechen über Kopfhörer um Bruchteile von Sekunden verzögert dem Sprechenden zurückzumelden. Quasi wie ein Echo, bei dem sich der Rufende verspätet wieder hört. Als Ergebnis seiner Untersuchungen konnte festgestellt werden, daß Stotternde unter diesen Bedingungen flüssiger sprechen. Nicht-Stotternde dagegen sprachen auf einmal unflüssig. Weiterhin wurde festgestellt, daß sich nichtstotternde Frauen von der verzögerten Wiedergabe ihrer eigenen Stimme weniger irritieren lassen als nichtstotternde Männer. Außerdem gewöhnen sie sich schneller daran. Diese Ergebnisse erhärten die Annahme, daß körperliche Voraussetzungen für das Entstehen von Stottern mitverantwortlich sein können.

Andere Experimente, bei denen mit wechselnden Sprechrhythmen gearbeitet wurde, lassen vermuten, daß bei Stotternden die Kontrolle des Sprechens durch das eigene Gehör sehr hoch ist. Dieser hohe Kontrollaufwand ist für den Sprechfluß jedoch eher hinderlich. Bildhaft kann dies mit einem Tausendfüßler verglichen werden: Sobald er darüber nachdenkt, wie es ihm gelingt, seine vielen Beine immer so schön gleichmäßig zu bewegen, kommt er plötzlich ins Stolpern.

Memo

 Untersuchungen, bei denen die Versuchspersonen ihre Aussagen über einen Kopfhörer erst um einige Zehntelsekunden verzögert hörten, ergaben: Stotternde Personen sprechen flüssiger – nichtstotternde dagegen unflüssiger. Frauen lassen sich unter solchen Bedingungen weniger irritieren und gewöhnen sich schneller daran.

 Forschungsergebnisse auf dieser Versuchsbasis lassen vermuten, daß Stotternde häufiger als erforderlich die auditive Sprechkontrolle einsetzen. Das heißt, sie verlassen sich stärker auf das Hören des eben Gesagten. Dies stört den Redefluß. Man spricht in diesem Zusammenhang von »Stottern als Störung der Autoregulation des Sprechens«.

Der Sprechprozeß im Gehirn

Das menschliche Gehirn besteht aus zwei Hälften: der linken und der rechten Hemisphäre. Zwischen diesen beiden Hemisphären ist die Zuständigkeit für alle Prozesse, die in unserem Körper ablaufen, arbeitsteilig organisiert. Alles, was mit Sprache zu tun hat, wird vorwiegend über die linke Hälfte des Gehirns abgewickelt. Deshalb sagt man mitunter, die linke Seite sei die sprachdominante Hemisphäre.

Daß diese sprachdominante linke Hemisphäre mit Redeflußstörungen in Zusammenhang stehen könnte, diese Annahme äußerten unter anderem die Forscher Orton und Travis. Sie vermuteten, bei Stotternden käme es zu konkurrierenden Tätigkeiten zwischen den beiden Hemisphären; eine Arbeitsteilung läge also nicht vor. Dies mündete schließlich in Störungen beim Sprechablauf. Zahlreiche Versuche sind unternommen worden, um diese Vermutung zu belegen. Dennoch konnte diese These – die sogenannte Lateralisierungshypothese – bis heute weder bestätigt noch verworfen werden.

Betrachtet man die Befunde aus den hier aufgeführten körperlichen Bereichen, so erscheint es äußerst plausibel anzunehmen, daß die Veranlagung eine Rolle spielt.

Dennoch: Jeder Stotternde kennt auch Situationen, in denen er flüssig sprechen kann. Deshalb wiesen ForscherInnen frühzeitig darauf hin, daß das Sprechen nicht allein eine körperliche Angelegenheit ist. In hohem Maße wird es auch beeinflußt durch psychosoziale Prozesse und Faktoren des Spracherwerbs.

Memo

 Die sogenannte »Lateralisierungshypothese« besagt, daß bei Stotternden in der linken Hälfte des Gehirns jene Faktoren, die für die Sprachprozesse verantwortlich sind, nicht ausreichend dominant sind.

 Die Untersuchungsergebnisse sind allerdings uneinheitlich und lassen dadurch einen großen Interpretationsspielraum zu. Die Hypothese kann derzeit weder belegt noch verworfen werden.

Der Spracherwerb

Redeunflüssigkeiten treten sehr häufig bei Kindern auf, deren Sprachentwicklung verzögert stattfindet. Hierzu zählen Störungen der Mundmotorik, Artikulationsauffälligkeiten, Schwierigkeiten bei der Satzbildung, Wortschatzdefizite und Störungen der auditiven Verarbeitung. Auch treten Sprechunflüssigkeiten meist am Satzanfang auf und sind eher in längeren als in kürzeren Sätzen zu finden. Inhaltswörter sind dabei häufiger betroffen. Es scheint, als ob das Planen von grammatikalisch komplexeren Sätzen in der Phase des Spracherwerbs dazu führen kann, daß die Sprechflüssigkeit abnimmt. Dies ist auch bei nichtstotternden Kindern zu beobachten.

Wie lassen sich nun diese Beobachtungen mit den Ergebnissen aus dem körperlich-physiologischen und dem psychosozialen Bereich verbinden?

Eine Antwort kann das *Anforderungs- und Kapazitätsmodell* geben, das ich hier kurz vorstellen möchte: Die Sprechflüssigkeit entwickelt sich im Laufe der Kindheit. Sie stabilisiert sich erst in der Pubertät auf komplexem Niveau. Um schließlich flüssig sprechen zu können, ist eine sichere Kontrolle über die für das Sprechen notwendigen Bewegungs- und Wahrnehmungsmuster erforderlich. Hier spielen also die physiologischen Prozesse eine große Rolle. Dieses Vermögen wird während der Entwicklung mit zahlreichen Anforderungen von innen und außen konfrontiert. Daher der Name Anforderungs- und Kapazitätsmodell.

Für die innere Seite wird vermutet, daß sich aus der fortschreitenden Entwicklung der Komplexität der kindlichen Sprache höhere Anforderungen ergeben an deren Planung, Ausführung und Kontrolle. Um es an dem Bereich des Wortschatzes vereinfachend deutlich zu machen: Je mehr Wörter ein Kind kennenlernt, um so mehr hat es sich zu merken und aktiv zu verwenden. Die Anforderungen an die Wortfindungsfähigkeit steigen demnach. Dies kann nun für alle Kinder ein Streßfaktor sein, der sich auf die Sprechflüssigkeit auswirkt.

Denkbar ist ein derartiger Streßfaktor auch für eine sehr früh einsetzende und schnell verlaufende Sprachentwicklung. Zeitweise stimmt diese dann mit den Anforderungen an die motorische Sprechproduktion nicht mehr überein. Eltern formulieren das oft so: »Mein Kind denkt schneller, als es sprechen kann.«

Ansprüche von außen ergeben sich für das Kind in der Familie, im Verwandtenkreis oder im Kindergarten. Hier begegnet es spezifischen kommunikativen Lernsituationen. Hohes Sprech-

tempo, schneller SprecherInnenwechsel oder allgemeiner Zeit-
druck können eine Vorbildfunktion für das Kind einnehmen
und dadurch zu hohe Anforderungen an seine Redeflußfähig-
keiten stellen. Zu den äußeren Einflüssen zählen ebenfalls Faktoren wie abschätzige Sprachkorrekturen und hohes Prestige-
und Leistungsdenken, das mit abwertenden Kommentaren bei
auftretenden Fehlern verbunden ist. Dadurch entsteht ein
ungünstiges soziales Lern- und Leistungsklima. Dieses kann die
vorhandenen Kapazitätsmängel verstärken und das Stottern
fördern.

Es ist interessant, daß Stottern zwar in allen Kulturen der Welt
auftritt und dies die These von der körperlichen Voraussetzung
unterstützt. Doch die Ausprägung und Auftretenshäufigkeit
weist teilweise Unterschiede auf. Diese Beobachtung verdeut-
licht den Einfluß psychosozialer Faktoren. Fest steht: Kommen
Kapazitäten und Anforderungen aus dem Gleichgewicht, tritt
Stottern auf.

Für die Diagnostik und die Therapie – vor allem beim begin-
nenden Stottern – heißt dies, daß jeder Fall einzeln zu betrachten ist. Es muß geklärt werden, welche Faktoren das Stottern
entstehen, sich weiter ausprägen und aufrechterhalten lassen.
Diese Faktoren verändern sich während des ganzen Lebens.
Denn viele der Anteile des Stotterns sind sehr wandelbar – zum
Positiven wie zum Negativen hin.

Memo

 Die Sprachentwicklung verläuft bei stotternden Kindern häufig
verlangsamt.

 Stottern tritt oft gemeinsam mit Störungen der Sprachentwicklung auf, die etwa die Grammatik, den Wortschatz oder die
Aussprache betreffen können.

✿ Neben Beschränkungen des Sprechvermögens sind Verarbeitungsschwierigkeiten des Gehörten gefunden worden. Es wird vermutet, daß sie den Sprachstörungen zugrunde liegen.

✿ Das sogenannte »Anforderungs- und Kapazitätsmodell« ermöglicht es, die Einzelbefunde aus dem psychosozialen, dem physiologischen und dem psycholinguistischen Bereich zusammenzufassen.

✿ Die Entwicklung des Sprechflusses ist altersabhängig. Sie ist darauf angewiesen, daß die Bewegungs- und Wahrnehmungsmuster kontrolliert werden können.

✿ Der Sprechfluß ist ferner inneren und äußeren Anforderungen ausgesetzt. Sie begünstigen das Auftreten von Unflüssigkeiten.

✿ Stottern beruht auf einer dynamischen Entwicklung und ist in vielen seiner Bestandteile beeinflußbar.

✿ Günstig ist eine Sichtweise, bei der der einzelne und seine individuelle Geschichte im Mittelpunkt stehen.

Stottern – eine Entdeckungsreise

Am Anfang jeder Therapie steht die Diagnose. Um welche Störung handelt es sich, was sind die möglichen Ursachen, wie hat sie sich entwickelt?

Diese Fragen sind wichtig, da es im Jugend- und Erwachsenenalter andere Störungen des Redeflusses gibt, die an Stottern erinnern. Doch ihnen liegen unterschiedliche Faktoren zugrunde. Diese Störungen sind neurogenes Stottern, psychogenes Stottern und Poltern. Sie werden vom Stottern abgegrenzt, weil sie andere therapeutische Maßnahmen erfordern. Man spricht in diesem Zusammenhang von Differentialdiagnose.

Im folgenden will ich diese anderen Störungen kurz vorstellen.

Neurogenes Stottern

Neurologische Erkrankungen wie Schlaganfall, Hirntrauma, chronisch verlaufende Hirnerkrankungen (z.B. Epilepsie, Tumore, Alzheimersche Krankheit), aber auch Intoxikationen und Medikamente können chronische oder vorübergehende Redeunflüssigkeiten verursachen. Neben dem Nachweis einer solchen Erkrankung oder Schädigung ist ein weiteres Kennzeichen der Entstehungszeitpunkt. Neurogenes Stottern tritt erst im Erwachsenenalter auf. Stottersymptome im Kindesalter waren bei den Betroffenen nicht vorhanden. Ein anderes Kennzeichen ist die Art der Symptomatik. Sie ist bei neurogenen Redeunflüssigkeiten eher gleichbleibend und weniger beeinflußbar durch situative oder personale Faktoren.

Psychogenes Stottern

Psychogenes Stottern tritt im Vergleich zum eigentlichen Stottern, das im Kindesalter entsteht, eher seltener und später im Lebenslauf auf. Es steht in engem Zusammenhang mit psychologischen Faktoren wie dauerhaftem Streßerleben oder einer plötzlich einsetzenden emotionalen Krise. Eine organische Ursache ist nicht feststellbar. Die Art der Symptome ist eher stereotyp und wenig beeinflußbar durch verschiedene Sprechbedingungen oder situative Momente. Ein weiteres Merkmal ist die Häufigkeit: Es existieren »keine Inseln der Flüssigkeit«. Außerdem fehlt ein stotterspezifischer Leidensdruck. Weitere Symptome wie etwa das Mitbewegen beim Sprechen oder ein Vermeidungs- und Fluchtverhalten vor Situationen, in denen man befürchtet zu stottern, fehlen.

Poltern

Poltern ist eine weitere Störung des Redeflusses. Sie ist gekennzeichnet durch eine hohe Sprechgeschwindigkeit, bei der auch die Verständlichkeit des Sprechens abnimmt. Sie tritt im Kindesalter auf. Die Symptome des Polterns sind wenig beeinflußbar durch bestimmte Situationen oder Personen. Konzentriert sich die Person auf den Sprechvorgang, geht die Symptomatik vorübergehend zurück. Ein Störungsbewußtsein fehlt.

Im Gegensatz zu den eben skizzierten Redeflußstörungen sind die herausragendsten Merkmale des *Stotterns* folgende:
- Veränderbarkeit (»Variabilität«) des Stotterns;
- der in der Regel damit einhergehende Leidensdruck;
- der im Kindesalter liegende Entstehungszeitraum.

Die Diagnose des Stotterns

In der *Diagnostik* geht es darum, anhand von Fragen, Beobachtungen und Übungen herauszufinden, welche Auffälligkeit vorliegt. Die diagnostische Phase hat neben dem Erkennen, Beschreiben und Verstehen der Störung eine weitere wichtige Funktion: Sie soll die Basis für eine allmähliche Annahme des Stotterns schaffen.

Wer Vermeidungsstrategien einsetzt und perfekt beherrscht, bleibt als Stotterer unentdeckt – manchmal sogar vor sich selbst. Dies war bei Frank der Fall. Er nahm im jungen Erwachsenenalter eine Sprachtherapie auf, weil er massive Sprechhemmungen verspürte. Allerdings konnte er seine Störung nicht näher benennen:

> *»Und da wußte ich immer noch nicht, daß ich Stotterer bin. Das war erst zu Beginn der Therapie, als ich ein Buch bekommen habe von der Selbsthilfe. ›An einen Stotterer‹ heißt das. In dem Buch sind von Therapeuten und selbst betroffenen Stotterern irgendwelche Geschichten und Erlebnisse erzählt. Und da konnte ich mich total mit identifizieren, nachdem ich das gelesen hatte. Da habe ich auch gelesen: ›Stottern ist der Versuch nicht zu stottern.‹ Das war für mich sehr prägnant, weil ich ja immer versucht habe, nicht zu stottern. In dem Augenblick war mir klar, daß ich Stotterer bin. Ich konnte mich bis dahin nirgendwo zuordnen. Dann konnte ich sagen: O.k., das trifft auf mich zu. Wenn man ein Problem lösen will, muß man es erst richtig kennenlernen.«*

Andererseits kommt es selbst bei einer ausgeprägten Symptomatik gelegentlich vor, daß der Betroffene die Diagnose »Stottern« nicht wahrnehmen möchte. Schließlich ist diese Erkenntnis für nicht wenige schmerzhaft. So schilderte eine Betroffene, Frau Janssen-Beutner:

> *»Mit 22 Jahren raffte ich mich schließlich noch einmal zu einer Therapie auf, und zwar unter dem alten Motto: Das*

Stottern muß weg, egal wie. Doch diesmal geriet ich an einen Sprachheilpädagogen, der die ganze Tragweite meiner Stotterproblematik erkannte und mir mit unendlicher Geduld einen Weg wies, den ich für mich akzeptieren konnte. Allerdings versuchte ich zunächst einmal, meinen Therapeuten davon zu überzeugen, daß ich gar nicht stotterte. Das Wort ›Stottern‹, das ich bis dahin immer mit irgendwelchen Umschreibungen zu vernebeln versucht hatte, kam mir zum ersten Mal nach einem Jahr der Therapie über die Lippen. Die Feststellung ›Ich stottere‹ noch später. Das war wohl der Durchbruch. Nun konnte ich mein Stottern bewußt wahrnehmen und hatte dadurch die Chance, es zu verändern. Vor allem lernte ich, mit meiner Angst umzugehen.« (in: Grohnfeldt, Manfred (Hg.): Störungen der Redefähigkeit.)

Vor Beginn der diagnostischen Phase muß zunächst geklärt werden, welches Anliegen die KlientInnen haben und welches Angebot ihnen die Fachkraft machen kann. Dies wird von manchen Fachleuten in einem sogenannten Erstgespräch geklärt. So heißt die erste Begegnung zwischen KlientIn und TherapeutIn (s. Kapitel 5). Andere Fachleute erörtern diese grundsätzlichen Fragen in Zusammenhang mit der individuellen Krankheitsgeschichte der KlientInnen.

Zu Beginn der diagnostischen Phase werden dem Betroffenen theoretisch begründete Fragen zu seiner Vorgeschichte gestellt. In der Fachsprache heißt dies *Anamnese.* Mit der Anamnese werden vermutete Ursachenzusammenhänge ergründet und der bisherige Verlauf der Störung oder Krankheit erfaßt. Dabei versucht man, Faktoren zu ermitteln, die möglicherweise als Ursache oder Auslöser in Frage kommen. Weiterhin sucht man nach Faktoren, die dafür verantwortlich sind, daß das Stottern aufrechterhalten wird. Dies ist für die bevorstehende Therapie sehr wichtig.

Stottern verändert sich bekanntlich in seinen Ausprägungen während des gesamten Lebens. Wenn Sie sich an die Beschreibungen der verschiedenen Redeflußstörungen erinnern, ist Ihnen leicht verständlich, warum die Vorgeschichte erste Informationen darüber bietet, welche Störung vorliegt.

Je nach Ausbildung und Therapiekonzept geht es in den ersten Gesprächen zwischen KlientIn und TherapeutIn um Themen wie allgemeine kindliche Entwicklung, Krankheiten, Vorkommen von Redeflußstörungen in der Familie, Beginn des eigenen Stotterns, Reaktionen der Familie und des sozialen Umfeldes, Art und Häufigkeit der Symptome in ihrem Verlauf, beeinflussende Faktoren und der persönliche Umgang damit.

In der Diagnostik erforschen TherapeutIn und KlientIn gemeinsam, aus welchen individuellen Merkmalen sich das Stottern auf verschiedenen Ebenen für den einzelnen darstellt.

Wer das eigene Stottern kennenlernen möchte, muß viel *Datenmaterial*, also Sprechproben, sammeln. Stotternde sind daher aufgefordert, möglichst viel zu sprechen. Allein dies kann schon einen sehr positiven therapeutischen Einfluß haben (siehe Kapitel 7).

Aufnahmen auf Ton- oder Videokassette sind notwendig, um eine Auswertung vornehmen zu können. Günstig ist es, verschiedene Sprechaufgaben zu machen. Denn deren Lösung kann wertvolle Hinweise für die genaue Diagnose geben. Außerdem besteht die Gelegenheit, die Sprechaufgaben zu wiederholen. So ist eine fortlaufende Kontrolle der therapeutischen Maßnahmen und eine Aussage über die Erfolge und Stabilität des eigenen Sprechens möglich. Folgende Sprechaufgaben werden Ihnen dabei vielleicht begegnen: Reihensprechen (beispielsweise Wochentage oder Zahlenreihen fortsetzen), Nachsprechen, Lesen, Nacherzählen, freies Sprechen, Telefonieren, Dialog in einer Alltagssituation etc.

Welche spezifischen Merkmale liegen vor?

Die Sprechproben werden anschließend unter verschiedenen Fragestellungen ausgewertet. Damit sollen die *Merkmale des Stotterns und ihre Variabilität unter verschiedenen Sprechbedingungen* beschrieben werden. Solche Fragen sind:

- Welchen Einfluß haben unterschiedliche Sprechanforderungen auf die Stottersymptomatik?
- Was passiert, wenn man zusätzlich die Kontrolle über das Gehör irritiert, etwa durch Rauschen, verzögertes Rückmelden des eigenen Sprechens über einen Kopfhörer, lautes oder leises Sprechen oder rhythmisches Sprechen nach Metronom? Wie Sie sich erinnern, ist die Veränderbarkeit ein charakteristisches Merkmal des Stotterns. Bleibt nun bei solchen Beeinflussungen des Gehörs die Symptomatik gleich, ist möglicherweise ein erster Hinweis darauf gegeben, daß es sich nicht um Stottern, sondern um eine verwandte Redeflußstörung handelt. Dies muß dann durch weiterführende Untersuchungen geklärt werden.
- Wie häufig ist die Symptomatik zu beobachten?
  Wenn man die flüssig gesprochenen Anteile auszählt und den unflüssig gesprochenen gegenüberstellt, erhält man die sogenannte Stotterrate. Man gelangt auf diese Weise zu einem relativ objektiven Maß, das Vergleiche mit anderen Zeitpunkten ermöglicht.
- Welcher Art sind die Symptome?
  Denken Sie an die im ersten Kapitel vorgestellten vielfältigen Formen des Stotterns: Die Grundsymptomatik mit ihren Wiederholungen und Blockaden sowie die möglichen weiteren Auffälligkeiten (dysrhythmischer Atemfluß, Mitbewegungen, Starter, Floskeln etc.) sind hier gemeint.

Welche Situationen lösen das Stottern aus?

In den ersten Gesprächen betrachtet man die Symptome ebenso unter dem *Einfluß verschiedener Situationen*. Diese können sein: der Kontakt mit fremden Personen, eine Bestellung in einem Restaurant aufgeben, mit Autoritätspersonen reden, telefonisch ein Taxi bestellen und vieles mehr. Man nutzt dazu entweder vorhandene Listen oder stellt freie Beobachtungen an.

Um die individuelle Situation des Stotternden zu verstehen, spielt neben Art, Häufigkeit und Beeinflußbarkeit des Stotterns auch die *Einstellung zur Kommunikation* eine wesentliche Rolle. Welche Haltung zur Kommunikation sich bei dem Betroffenen herausgebildet hat, hängt von vielen Bedingungen ab. Sie kann sich zum einen direkt darauf auswirken, ob und wie man mit anderen spricht. Zum anderen beeinflußt sie die Gefühle, die bei dem Bedürfnis auftreten, mit anderen reden und sich ihnen mitteilen zu wollen. Die Einstellung zur Kommunikation kann in einem freien Gespräch oder mit Hilfe von Fragebögen ermittelt werden.

Welche Bedeutung hat das Stottern in den verschiedenen Lebensbereichen?

In den Gesprächen ist es wichtig zu erfahren, welche *individuelle Bedeutung Stottern in den verschiedenen Lebensbereichen* im Laufe der Jahre gewonnen hat. Denn dies wirkt sich auf die Handlungsmuster aus, die sich im sozialen Alltag entwickeln. Besonders bei schwer stotternden Menschen, aber auch bei denen, die eine sehr gering ausgeprägte Symptomatik und starkes Vermeidungsverhalten aufweisen, kann Stottern einen zentralen Stellenwert im Leben einnehmen. Viele der Menschen, die therapeutische Unterstützung suchen, lassen sich durch ihre Auffälligkeiten im Sprechfluß von anderen Dingen, die sie interessieren oder für sie wichtig wären, abhalten. Dies kann sich auf den privaten Lebensbereich und den Lern- und Arbeitsbereich beziehen.

Welche Bewältigungsstrategien wendet der Betroffene an?

Bewältigungsstrategien sind darauf ausgerichtet, Aufgaben und Anforderungen zu verarbeiten und nach Möglichkeit zu lösen. Die Strategien sind vielfältig und setzen sich in der Regel aus mehreren Anteilen zusammen. Mit dem Begriff »Bewältigung« ist nicht das positive Ergebnis gemeint, sondern der Prozeß an sich. Also all das, was man tut, um mit einer wichtigen Aufgabe oder einem Problem »fertig zu werden« – unabhängig davon, ob die Versuche als günstig oder ungünstig einzuschätzen sind.

Zum einen sind das *konkrete Handlungen* wie darüber zu reden, sich durch Aktivitäten abzulenken, sich aus sozialen Verbindungen zurückzuziehen oder sich mit anderen Betroffenen zu solidarisieren. Zum anderen *geistige Aktivitäten* wie das gezielte Suchen nach Informationen, um kompetent in eigener Sache zu werden, oder Religiosität und ähnliches. Man versucht durch diese Bewältigungsstrategien, seinen *Gefühlshaushalt* zu regulieren, indem man beispielsweise besonders bedrohlich erscheinende Gefühle nicht zuläßt, sich aufmuntert, sich lobt etc.

Einige Strategien sind günstiger als andere. So ist das Vermeiden einer belastenden Situation oder die Ablenkung kurzfristig durchaus entlastend. Langfristig betrachtet erschweren sie jedoch eine angemessene Auseinandersetzung mit dem eigenen Problem.

Bewältigungsstrategien sind eng damit verbunden, wie man selbst die verursachenden und aufrechterhaltenden Bedingungen für sein Stottern einschätzt. Auch sind sie verknüpft mit der Annahme darüber, wie man glaubt, sie beeinflussen zu können. Jemand, der beispielsweise davon ausgeht, eine Angelegenheit nicht positiv beeinflussen zu können, wird eher versuchen, das Problem und die damit einhergehenden Gefühle so weit wie möglich auszublenden.

Beim Stottern stehen zwei Aspekte im Mittelpunkt: der *psychosoziale* und der *sprechmotorische*. In den Gesprächen zwischen KlientIn und TherapeutIn ist es wichtig herauszufinden, welche Möglichkeiten zur Verfügung stehen, um Blockaden zu lösen, Dehnungen abzukürzen und Wiederholungen zu vermindern. In der diagnostischen Phase kann dann gemeinsam überlegt werden, welche Bewältigungsstrategien die KlientIn anwendet, an welche Selbsthilfekompetenzen in der Therapie angeknüpft werden kann und welche Strategien im Laufe der Behandlung zugunsten anderer Formen reduziert werden sollten.

Was in der Diagnostik angesprochen wird, ist abhängig von der Fachperson und deren persönlichen Erfahrungen. In jedem Fall ist es notwendig, eine ausführliche Diagnostik vorzunehmen, um die Therapie individuell planen zu können.

Memo

Zu Beginn einer Therapie muß herausgefunden werden, um welche Störung es sich handelt, welche Ursachen in Betracht kommen und wie sie sich entwickelt hat.

Stottern läßt sich durch eine gründliche Diagnose von anderen Redeflußstörungen abgrenzen: dem neurogenen Stottern, dem psychogenen Stottern und dem Poltern.

Die herausragenden Merkmale des Stotterns sind: erstens die Variabilität, also Veränderbarkeit des Stotterns; dies liegt an den verschiedenen sprecherischen und psychosozialen Bedingungen. Zweitens der in der Regel vorliegende Leidensdruck. Drittens der im Kindesalter liegende Entstehungszeitraum.

Die diagnostische Phase hat neben dem Erkennen, Beschreiben und Verstehen eine weitere wichtige Funktion: Sie soll die Basis für eine allmähliche Annahme des Stotterns schaffen.

Zu Beginn der diagnostischen Phase stellen Fachleute theoretisch begründete Fragen zur Vorgeschichte.

In der Diagnostik erforschen TherapeutIn und KlientIn gemeinsam, aus welchen individuellen Merkmalen sich das Stottern für den einzelnen darstellt.

Die Themen der Diagnostik variieren mit der Fachperson und deren Wissen. Eine ausführliche Diagnostik ist für eine individuelle Therapieplanung notwendig.

Wie läßt sich therapeutisch am Stottern arbeiten?

Eine qualifizierte Stottertherapie auf der Basis eines hohen persönlichen Einsatzes der Betroffenen kann gute Erfolge erzielen. Allerdings wird nach heutigem Wissen eine Heilung in dem Sinne, daß Stottern zu keiner Zeit und in keiner Situation mehr auftritt, mit zunehmendem Alter immer unwahrscheinlicher. Unrealistische Erwartungen an ein Therapieergebnis scheinen sogar mit einem niedrigeren therapeutischen Erfolg einherzugehen.

Wie ich bereits erklärt habe, ergibt sich ein Großteil der Probleme rund um das Stottern nicht aus der Redeflußstörung selbst, sondern aus dem gesellschaftlichen und individuellen Umgang damit. Die Bewertungen und Einstellungen der sozialen Gemeinschaft wirken auf das psychische Wohlbefinden des einzelnen. Stottern ist jedoch nichts, wofür man sich schämen muß, Stottern ist *keine* schlechte Angewohnheit und *kein* Anzeichen für den Intelligenzquotienten und *kein* Ausdruck einer besonderen Persönlichkeitsstruktur.

Stotternde Menschen sind wie du und ich! Angstfreies und flüssiges Stottern muß nicht an der Verwirklichung beruflicher und privater Lebenspläne hindern. Stottern in dieser Grundform ist lediglich eine andere Form des Sprechens, ähnlich wie ein Dialekt. Auf der Basis eines solchen sozialen Klimas fällt ein gelassener Umgang mit den Sprechunflüssigkeiten leichter. Sozialer Angst, als einem psychosozialen Aspekt beim Stottern, wird dann der Nährboden entzogen.

Eine Aufgabe der Therapie muß demnach sein, Stotternde auf individueller Ebene zu stärken, so daß sie auch mit einer Restsymptomatik nach Abschluß einer Therapie unbekümmert kommunizieren und an der Entwicklung eines solchen sozialen Klimas mitwirken können. Daher sollten auch Fachleute über ihren therapeutischen Auftrag hinaus die Arbeit der Interessenverbände zum Themenkreis Stottern unterstützen, damit auf gesellschaftlicher Ebene eine bessere Basis für ein angstfreies und flüssiges Stottern geschaffen wird. Insbesondere die Bundesvereinigung Stotterer-Selbsthilfe e.V., aber auch die Interdisziplinäre Vereinigung für Stottertherapie (IVS) e.V. haben mit ihren öffentlichkeitswirksamen Maßnahmen entscheidend zum Abbau von Vorurteilen gegenüber stotternden Menschen beigetragen. Die Akzeptanz des Stotterns auf individueller wie auf gesellschaftlicher Ebene ist eine wichtige Voraussetzung für den Therapieerfolg.

Wo werden Stottertherapien durchgeführt?

Stottertherapie ist in der Regel nur ein Bestandteil der allgemeinen sprachtherapeutischen Versorgung. Das bedeutet, daß man sich innerhalb der sprachtherapeutischen Einrichtungen genauer erkundigen muß, ob Stottertherapie überhaupt durchgeführt wird. Wenige Praxen oder größere Institutionen sind ausschließlich auf Stottertherapie spezialisiert.

Sprachtherapeutische Leistungen werden privat, staatlich oder von einzelnen Wohlfahrtsverbänden angeboten. Wichtiger als die Trägerschaft aber ist die Konzeption und, häufig zu Unrecht vernachlässigt, die Organisationsform des therapeutischen Angebots.

Die Konzeption muß im Einzelfall erfragt werden. In größeren Einrichtungen ist in der Regel ein interdisziplinäres Therapie-

Team vorhanden. Damit will man ganzheitliche Ansätze verwirklichen, was bezogen auf das Stottern heißt: den Betroffenen nicht auf seine hör- und sichtbaren Symptome reduzieren.
Einige Fachleute oder Institutionen informieren schriftlich über
ihr Angebot und schicken dies auf Anfrage zu. Einzelheiten
werden in persönlichen Beratungsgesprächen vertieft.

Die Organisationsform läßt sich in ambulante, teilstationäre
und stationäre Angebote unterteilen:

Ambulante Einrichtungen

Das sind freie, z.T. interdisziplinäre Praxen, die von selbständi-
gen SprachtherapeutInnen eigenverantwortlich geleitet werden. Manche Krankenkassen oder Gesundheitsämter sowie
Ambulanzen an Sprachheilschulen, Therapie- und Frühförder-
zentren und Ausbildungseinrichtungen für die verschiedenen
sprachtherapeutischen Berufsgruppen bieten ambulante Sprachtherapie an.

In der Regel umfassen ambulante Angebote eine Therapiestunde, seltener zwei Stunden wöchentlich. Man rechnet mit unge-
fähr 100 Stunden Gesamtumfang einer Therapie, wobei eine
Intensivphase zum Erlernen einer Sprech- oder Modifikationstechnik von vielen Fachleuten als notwendig erachtet wird. Die
ambulante Organisationsform mit den zeitlich weiter auseinan-
derliegenden Sitzungen ist daher nicht immer günstig. Zusätzlich dazu werden Übungen vereinbart, die die Betroffenen
eigenständig durchführen. Eine wichtige Voraussetzung ist also
die Bereitschaft und Fähigkeit der PatientInnen/KlientInnen,
unter Anleitung selbständig zu arbeiten, um Veränderungen des
Stotterns und der begleitenden negativen Gefühle zu erzielen.

Auf seiten der TherapeutInnen muß gewährleistet sein, daß sie
die Selbsthilfefähigkeit der Stotternden erweitern. Darüber hin-

aus spielt sicherlich die subjektiv erlebte Beeinträchtigung durch das Stottern eine wesentliche Rolle bei der Frage, ob ein ambulantes Therapieangebot ausreicht. Schwer stotternde Jugendliche und Erwachsene oder diejenigen mit hohem Leidensdruck entscheiden sich u. a. deshalb häufig für teilstationäre oder stationäre Therapieformen, da hier die therapeutische Unterstützung umfangreicher ist.

Eine besondere Form der ambulanten Versorgung bilden die »Intensiven Intervalltherapien«. Sie reduzieren sowohl die Nachteile einer ambulanten als auch die einer stationären Therapieform (s.u.). Sie sind zum derzeitigen Zeitpunkt aufgrund organisatorischer Schwierigkeiten in den Praxen zwar noch seltener zu finden, sie erfreuen sich jedoch zunehmend großer Beliebtheit. Die Arbeit erfolgt unter therapeutischer Anleitung in einer Gruppe und wird für einen festgelegten Zeitraum in bestimmten Abständen (Intervallen) weitergeführt. Diese Form existiert sowohl als ambulantes Angebot in freien Praxen als auch in stationär arbeitenden Häusern. Seltener gibt es freie Anbieter auf dem Markt ohne eine Einrichtung im Hintergrund.

Teilstationäre Angebote

Teilstationäre Angebote gibt es von Tageseinrichtungen wie Therapiezentren, Sprachheilkindergärten, Sprachbehindertenschulen oder entsprechende Internate mit externen SchülerInnen. Bei der Entscheidung für eine Sonderbeschulung liegen häufig weitere sprachliche Auffälligkeiten neben dem Stottern vor.

Stationäre Angebote

Stationäre Angebote bieten neben der intensiven Intervalltherapieform die traditionelle Form einer mehrmonatigen Unterbringung mit nachfolgenden Auffrischungskursen. Jede Einrichtung hat ihre eigenen Regelungen. Stationäre Therapien

bei schulpflichtigen Jugendlichen sind in der Regel in Interna-
ten, Sprachheilheimen oder -zentren integriert. Parallel zum
therapeutischen Angebot erhalten die Jugendlichen Unterricht.
Im Erwachsenenalter sind unter anderem Rehabilitationsklini-
ken oder Phoniatrische Kliniken mit Abteilungen für Sprach-
behinderte zuständig. Sprachheilzentren kommen ebenfalls in
Frage.

Der Entschluß zu einer mehrmonatigen stationären Therapie
fällt vielen nicht leicht. Schließlich muß man für längere Zeit
auf die vertraute Umgebung verzichten. Der Arbeitsplatz wird
vorübergehend verlassen oder die (Schul-)Ausbildung unterbrochen. Der persönliche Kontakt zur Partnerin bzw. zum Partner, zum Freundeskreis, zur Familie und Verwandtschaft ist
reduziert. Stottern und Therapie stehen im Zentrum des eigenen Denkens und Handelns.

Die hier aufgeführten möglichen Einwände können unter
bestimmten Bedingungen allerdings genausogut als Vorteil gelten. Eine Veränderung der Umgebung kann eine bessere Ausgangsbasis für Veränderungen des Stotterns und des damit verbundenen Empfindens und Verhaltens bieten. Abstand vom
täglichen »Geschäft« erleichtert die Konzentration auf die besonderen Anforderungen im therapeutischen Prozeß. Distanz
zu eingespielten Verhaltensweisen mit anderen Sozialpartner-
Innen vereinfacht ein Experimentieren mit neuen Möglichkeiten. Eine intensive Beschäftigung mit dem Stottern ist sinnvoll,
gerade wenn es auf sprechtechnischer Ebene um das Lernen
einer neuen Sprechweise geht. Die Lernbedingungen sind somit
in einer stationären Therapieform günstiger.

Die Entscheidung zu einer intensiveren Therapieform ist zum
einen vom Störungsgrad und von der bisherigen Dauer der
Störung abhängig, zum anderen vom therapeutischen ambulanten Angebot in Wohnortnähe. Nicht alle Gebiete sind mit

qualifizierten StottertherapeutInnen versorgt. Vielleicht ist die Wahl auf eine bestimmte Therapiemethode gefallen, die nicht in erreichbarer Nähe durchgeführt wird. Es kann viele Gründe dafür oder dagegen geben. Pauschale Antworten sind fehl am Platze. Die Entscheidung ist von den individuell gegebenen Bedingungen abhängig.

Wenn Sie mehr über stationäre Therapieangebote erfahren wollen, lassen Sie sich Informationen zuschicken, vereinbaren Sie einen Beratungstermin und halten Sie Ausschau nach Teilnehmenden aus vorangegangenen Kursen. Von ihnen erfahren Ratsuchende persönliche Einschätzungen und Erfahrungen, die auf ihre Art und Weise ebenfalls ein kleines Stück zum Entscheidungsprozeß beitragen können. Manchmal vermitteln Einrichtungen oder TherapeutInnen selber solche Kontakte. Über die Selbsthilfegruppen findet man ebenfalls GesprächspartnerInnen.

Memo

Stottertherapie ist in der Regel Teil von sprachtherapeutischen oder psychotherapeutischen Angeboten.

Therapieformen sind ambulant, teilstationär und stationär. Die Entscheidung für eine bestimmte Form sollte auf präzisen Informationen über das jeweilige Angebot beruhen und auf die eigenen Bedürfnisse und Bedingungen abgestimmt sein.

Sprachtherapeutische Einrichtungen laufen in privater oder staatlicher Trägerschaft oder über Wohlfahrtsverbände.
Es empfiehlt sich, vor Aufnahme einer Therapie die Konzeption, die Therapiemethode und die TherapeutInnen bzw. das Team in einem persönlichen Beratungsgespräch kennenzulernen.

Methoden zur direkten Veränderung des Stotterns

Eines vorweg: Stotternde Menschen und auch Fachleute haben nicht zu jeder Methode gleichermaßen Zugang. Daher gilt es herauszufinden, welche Therapiemethode bzw. welcher Ansatz im Einzelfall passend ist. Der Leitfaden im Anschluß an dieses Kapitel kann bei der Auswahl unterstützen.

In der Stottertherapie werden verschiedene Elemente eingesetzt, wobei die Methoden zur direkten Veränderung der Stottersymptomatik einen Baustein bilden. Man kann dabei grob zwei Richtungen unterscheiden: Sprechtechniken und Modifikationsverfahren.

Sprechtechniken

Sprechen entsteht durch ein Zusammenspiel der Funktionsbereiche Atmung – Stimme – Artikulation. Die Sprechtechniken greifen hier verändernd ein, so daß Stottern bei konsequenter Anwendung wahrscheinlich nicht auftritt. In der Übungssituation werden alle Veränderungen zunächst übertrieben ausgeführt, um sich mit der Zeit Schritt für Schritt der als normal empfundenen Sprechweise anzunähern.

Nicht jede Sprechtechnik beinhaltet alle der nun aufgeführten möglichen Veränderungsmöglichkeiten. Ein weicher Stimmeinsatz und Verlangsamung des Sprechens werden jedoch in der Regel eingebaut.

Veränderung des Stimmeinsatzes

Wenn Sie einmal staunend »ah« oder »oh« sagen, haben Sie ein Beispiel für einen weichen Stimmeinsatz. Im Gegensatz dazu haben Sie beispielsweise einen harten Stimmeinsatz, wenn Sie das Wort »Apfel« oder den Namen »Otto« aussprechen. Bei der Erarbeitung von Sprechweisen, die unvereinbar mit dem Stottern sind, ist ein weicher Stimmeinsatz wichtig. Der so erzeugte leichte Luftstrom, der die Stimmlippen in sanfte Schwingungen versetzt, wirkt einem krampfartigen Verschluß entgegen.

Veränderung der Artikulation

Laute werden nicht allein durch die Tätigkeit der Stimmlippen im Kehlkopf, sondern auch durch Muskelbewegungen im Mund-, Nasen- und Rachenraum gebildet. Dieser Vorgang wird Artikulation genannt. Veränderungen der Sprechweise beim Stottern im Bereich der Artikulation werden beispielsweise durch leichte und spannungsarme Kontakte bei der Bildung der Sprachlaute erzielt.

Nehmen wir als Beispiel den Laut »P«: Führen Sie die Lippen langsam zueinander und deuten Sie den Laut lediglich an, sobald Sie eine sanfte Berührung spüren. Das »P« hört sich auf diese Art und Weise undeutlich und verwaschen an.

Das Ziel dieses weichen Kontaktes gleicht dem beim weichen Stimmeinsatz: Man will einer Sprechblockade entgegenwirken. Im Gegensatz dazu können Sie denselben Laut nun einmal fester bilden, mittels sehr festem Lippenschluß und plötzlichem Loslassen. Sie können sich sicherlich vorstellen oder haben es bereits erfahren, daß ein harter Kontakt Stottersymptome begünstigt.

Veränderung des Sprechrhythmus

Ein veränderter Sprechrhythmus ist Bestandteil zahlreicher Sprechtechniken zur Bewältigung von Stottersymptomen. Zwei Veränderungsarten kann man grob unterscheiden: Das *akzentuierte Sprechen* und das *metrische Sprechen*. Beim akzentuierten Sprechen werden Silben oder Wörter nach bestimmten Regeln besonders betont. Das metrische Sprechen bedeutet gleichmäßiges Sprechen nach einer Taktvorgabe. Dies kann entweder ein selbsterzeugter Takt sein oder über ein Metronom gesteuert werden. Für den Alltag existieren tragbare Kleinst-geräte. Insgesamt betrachtet, spielen mechanische Hilfen in unserer therapeutischen Landschaft jedoch nur eine geringe Rolle.

Sie können nun einmal ausprobieren, Ihren Sprechrhythmus ohne technische Unterstützung zu verändern: Tippen Sie gleichmäßig im Sekundentakt mit dem Zeigefinger der einen Hand in die Handinnenfläche der anderen. Sprechen Sie beglei-tend zum Takt jeweils eine Silbe. Sie können folgenden Bei-spielsatz vorlesen, an dem ich die Silben der Einfachheit halber bereits markiert habe:

Heu-te ist ein wun-der-schö-ner Som-mer-tag. Wir pa-cken un-se-re Ba-de-sa-chen ein und ge-hen ins Schwimm-bad.

Vermutlich empfinden Sie die Sprechweise als ungewohnt und künstlich. Das ist in der Tat ein Handicap des metrischen Spre-chens.

Veränderung der Sprechgeschwindigkeit
Die bislang dargestellten Veränderungen der Sprechweise gehen nahezu von selbst mit einer Verlangsamung des Spre-chens einher. Einige Forscher gehen sogar davon aus, daß Ver-langsamung der entscheidende Faktor bei der Entstehung von flüssigem Sprechen sei. So können vermutete sprechphysiologi-sche Kapazitätsmängel ausgeglichen werden.

Bei Übungen zur Verlangsamung des Sprechens habe ich den überraschend schnell wirkenden Effekt ebenfalls beobachtet, doch die Umsetzung gelingt nicht allein auf verbalen Hinweis. Es müssen systematische Lernschritte angeboten und Experi-mentiermöglichkeiten gegeben werden. Am besten versucht man selbst einmal, seine eigene Geschwindigkeit zu reduzie-ren. Spätestens dann erkennt man die Problematik.

Probieren Sie einmal folgende Übung: Nehmen Sie sich einen Text und lesen Sie ihn laut vor. Machen Sie dabei nach jedem Wort eine Pause, in der Sie langsam bis drei zählen. Verlangsamen Sie auch die Aussprache der Worte. Gehen Sie dann über zu freier Rede und wenden Sie dieses Prinzip zunächst in nur einem Satz an, bevor Sie länger erzählen. Sie können nach einem Durchgang die Pausenzeit verkürzen.

Bei diesem sogenannten prolongierten Sprechen geht es neben der Verlangsamung bei der Aussprache um eine gebundene Sprechweise (Legato), die mitunter auch »leiern« genannt wird.

Veränderung des Atemmusters

Bei vielen Stotternden kann man eine gestörte Koordination der Atmung und des Sprechens beobachten. Will man über eine bessere Koordination von Atmung und Sprechen das flüssige Sprechen fördern, achtet man am besten darauf, daß während der Phase des Ausatmens gesprochen wird und die Atemkapazität die Länge einer Aussage nicht übersteigt.

Andere Therapieansätze stellen die Atemarbeit sogar in den Mittelpunkt ihrer Therapie und betrachten sie ganzheitlich, indem sie den positiven Einfluß auf die gesamte Persönlichkeit betonen. Atem-, Bewegungs- und Stimmarbeit sollen hier zur inneren Stimmigkeit, Harmonie und Stabilisierung der Persönlichkeit beitragen. Ziel der Therapie sei kein flüssiges Sprechen mit Hilfe einer Sprechtechnik. Vielmehr gehe es bezogen auf den Aspekt der Atmung darum, dem (stotternden) Menschen über die Vermittlung einer ruhig fließenden Atmung und dem Erleben von Atempausen ein Gefühl von Sprechsicherheit zu vermitteln.

Modifikationstechniken

Sprechtechniken zielen darauf ab, die gesamte Sprechweise in verschiedenen Aspekten zu verändern, um Stottersymptome vor ihrem Auftreten zu überdecken. Eine Modifikationstechnik dagegen setzt erst dann ein, wenn Stottern auftritt. Sinn und Zweck dieser Technik ist es, Stottersymptome zu »verflüssigen«.

Nachbesserung

In der ersten Phase der sogenannten Nachbesserung geht es nach vorbereitenden Übungen darum, direkt im Anschluß an ein gestottertes Wort eine kleine Sprechpause einzulegen, in der der Atem beruhigt und der Sprechablauf bewußt geplant wird. Man wiederholt nun das gestotterte Wort verlangsamt, mit weichem Stimmeinsatz und spannungsarmer Artikulation.

Pullout

Das »Pullout«, was soviel wie »herausziehen« oder »herausgleiten« bedeutet, steht in der zweiten Phase im Mittelpunkt. Beim Pullout setzt man die erlernten Korrekturen bereits während des Auftretens ein. Dies führt dazu, daß Wiederholungen abgeschwächt und Blockaden aufgeweicht werden.

Vorbereitende Einstellung

Die letzte Phase, die sogenannte vorbereitende Einstellung, bildet den krönenden Abschluß: Jetzt wird beim ersten Anzeichen eines auftretenden Symptoms der Einsatz der bewußten Steuerung des Sprechablaufes trainiert.

Ziel beim Einsatz von Modifikationstechniken ist es, zu erreichen, daß Blockaden und Wiederholungen die Kommunikation dank ihrer Hilfe weniger beeinträchtigen.

Soziale Erfahrungen und Gefühle als Bestandteil der Stottertherapie

Stotternde machen im Laufe der Jahre vielfältige Erfahrungen in sozialen Situationen. Manche erfahren Ablehnung oder Mitleid, werden ausgelacht oder setzen sich selbst unter Druck. Es wird daher empfohlen, psychotherapeutische Techniken als festen Bestandteil in die Stottertherapie zu integrieren, um negative Gefühle und ungünstige Verhaltensweisen abzubauen, ohne daß im engeren Sinne psychotherapeutisch gearbeitet werden muß. Denn Stottertherapie ist nicht gleichzusetzen mit Psychotherapie. Eine rein psychotherapeutische Maßnahme ist, bezogen auf die Stotterproblematik, erfahrungsgemäß wenig effektiv.

Doch sehen wir uns diese flankierenden Maßnahmen etwas näher an.

Gesprächstherapeutische Elemente

Gesprächstherapeutische Elemente spielen eine wichtige Rolle in einer Stottertherapie. Mit Hilfe einfühlsamer Gespräche kann man Menschen dabei unterstützen, sich selbst besser kennenzulernen und zu akzeptieren. Sie erfahren so Entlastung bei seelischen Problemen, die beim Stottern durch reale oder erwartete entmutigende, verletzende und abwertende Reaktionen wichtiger Mitmenschen entstehen können.

Eine wesentliche Voraussetzung ist, daß der Gesprächspartner oder die -partnerin aktiv zuhört, d. h. in erster Linie versucht, den anderen zu verstehen, und bei Unklarheiten nachfragt. Auf diese Weise spiegelt der Zuhörende sein Verständnis der Gefühle und der Problematik des anderen wider. Die erzählende Person hat somit die Chance, Anteile der eigenen Persönlichkeit oder neue Aspekte eines Problems zu entdecken, die ihr zuvor möglicherweise nicht bewußt waren oder die sie aus Scham nicht wahrhaben wollte – persönliches Wachstum wird möglich.

Verhaltenstherapeutische Verfahren

Verhaltenstherapeutische Verfahren werden seit vielen Jahren in Stottertherapien integriert. Die Therapieform basiert auf

Lerntheorien, die, kurz zusammengefaßt, davon ausgehen, daß menschliches Handeln, Gedanken und Gefühle durch Erfahrungen erlernt werden. Betrachtet man die sekundären Auffälligkeiten im Erleben und Verhalten von Stotternden, wie z. B. Angst vor dem Telefonieren, Vermeiden sozialer Situationen oder Umschreiben von Wörtern, die im Laufe der Jahre im Umgang mit dem Stottern entstehen können, so ergeben sich hier zahlreiche therapeutische Ansatzpunkte. Da es sich in erster Linie um soziale Aspekte von Angst handelt, wird diese verhaltenstherapeutisch orientierte Arbeit auch Sozialtraining genannt. Das Training kann durch die Verminderung von Ängsten und den Aufbau selbstbewußteren Verhaltens auch eine bessere Ausgangsbasis für den Umgang mit Stigmatisierungen schaffen.

Die Verhaltenstherapie ist kein einheitliches Verfahren, sondern besteht aus einer Vielzahl von Methoden, die aber alle zu Beginn einer Behandlung genau analysieren, welche Bedingungen die aktuellen Probleme auslösen und aufrechterhalten.

Aus der Vielfalt der Behandlungsmöglichkeiten stelle ich Ihnen nun zwei Methoden vor, die man in Stottertherapien häufig wiederfindet: das Rollenspiel und das Selbstsicherheitstraining.

Das Rollenspiel

Diese Methode wird vorzugsweise in Gruppen eingesetzt, u.a. zum Erwerb neuer Kompetenzen und als Methode zum Transfer bereits erworbener Kompetenzen in den Alltag. Es beinhaltet mehrere Phasen. Vor Beginn des Spiels haben sich Anwärm- und Lockerungsspiele als sinnvoll erwiesen, um Hemmungen abzubauen und das Spielrepertoire zu erweitern. In dieser Phase werden neben Kennenlernspielen meist allgemeine Wahrnehmungsübungen, Pantomimik zur Förderung der nonverbalen Ausdrucksfähigkeit, Sprachspiele zur Erweiterung der kommunikativen Kompetenz und Kooperationsspiele als Hinführung zum gemeinsamen darstellenden Spiel angeboten.

Bereits in dieser Anwärmphase erleben viele Menschen erste positive Veränderungen. So berichteten mir Teilnehmer aus der Stotterer-Selbsthilfegruppe, daß sie viel Freude an den Übungen hatten und sich zunehmend freier fühlten, vor der Gruppe zu sprechen und gemeinsam mit anderen zu handeln.

Als nächstes steht die Vorbereitung einer konkreten Rollenspielsequenz im Mittelpunkt. Es geht nun darum, ein Problem einzugrenzen und präzise zu beschreiben. Wie soll das ausgewählte Problem aber gelöst werden? Auch diese Frage wird konkret beantwortet, so daß sich daraus Spielrahmen und -handlung ableiten lassen. Nun werden die Rollen verteilt und das Rollenspiel beginnt.

An die Handlungsphase schließt sich die vielleicht wichtigste Phase in der gesamten Rollenspielsequenz an: die Auswertungsphase. Nun wird besprochen, inwieweit sich die Hauptfigur der Lösung angenähert hat. Die Rückmeldungen der Spielleitung (TherapeutIn) und der MitspielerInnen helfen, entstandene Schwierigkeiten aufzudecken, zu analysieren und Alternativen zu entwickeln. In der Regel folgen weitere Versuche, in denen diese Vorschläge berücksichtigt werden, bis es zu einer zufriedenstellenden Handlungssequenz kommt.

Das Rollenspiel bietet wie keine andere Methode eine realitätsnahe Möglichkeit zur Erweiterung der eigenen Handlungskompetenz. Es verleiht so mehr Sicherheit in sozialen Situationen und ebnet den Weg vom Therapiezimmer in den Alltag.

Selbstsicherheitstraining
Dieses Training ist eine Fördermöglichkeit für Menschen, die Schwierigkeiten haben, in Relation zu ihrer Umwelt eigene

Ansprüche zu stellen und diese zu verwirklichen. Nicht nur Stotternde berichten immer wieder, daß sie solche Situationen als Streß empfinden, in denen sie eigene Wünsche äußern und Forderungen stellen wollen. Dies wirkt sich bei vielen hemmend auf die Mitteilungsbereitschaft aus, kann vorhandene Stottersymptome verstärken und der Etablierung von mehr Sprechfluß entgegenwirken.

Selbstunsicherheit kann man zum besseren Verständnis in drei Kategorien einteilen:
- die subjektive Einstellung zu sich selbst,
- soziale Angst und Hemmung,
- soziale Fertigkeiten.

Die *subjektive Einstellung* zu sich selbst, also das Bild und die Meinung, die wir über uns haben, wirkt sich auf unser psychisches Wohlbefinden und auf unsere Selbstdarstellung aus. Manche Menschen konzentrieren sich zu sehr auf die subjektiv als negativ empfundenen Aspekte ihrer Person. Selbstabwertungen wirken sich entmutigend auf das Vertrauen in die eigenen Fähigkeiten aus. So kann ein negatives Selbstbild dazu führen, daß wir unsere Kompetenzen nicht einbringen, obwohl wir letztlich dazu in der Lage wären.

Ein erster Schritt zur Veränderung ist es, sich dieser Selbstabwertungen bewußt zu werden. Ein weiterer Ansatzpunkt besteht darin, sich den positiven persönlichen Eigenschaften, Fähigkeiten oder Erfolgen zuzuwenden. Dazu gehört, sich selbst loben zu lernen sowie das Lob anderer anzunehmen.

Soziale Angst oder *Hemmung* kennzeichnet unangenehme Gefühle im zwischenmenschlichen Bereich, die wir mit bestimmten Situationen verbinden. Solche angstauslösenden Situationen sind zwar individuell geprägt. Dennoch gibt es bestimmte Situationen, die immer wieder genannt werden, wozu u. a.

Angst vor Versagen oder Mißerfolg zählt sowie Angst vor öffentlicher Beachtung.

Hilfreich kann es sein, sich klarzumachen, was schlimmstenfalls passieren könnte, wenn eine Situation schiefgeht. Oftmals sind es irrationale Gedanken, die das Erleben beeinflussen. Stotternde Menschen messen die erfolgreiche Bewältigung einer Situation häufig daran, ob sie in der gefürchteten Situation unflüssig sprechen werden. Sie räumen dieser Möglichkeit nicht selten eine überdimensionale Bedeutung ein. Bei der Beschäftigung mit solchen Fragen treten häufig alte Verletzungen wieder hervor, die dann in Gesprächen verarbeitet werden können. Rollenspiele können die Ängste abschwächen. Darüber hinaus kann mit ihnen gezielt überprüft werden, ob die aktuelle Realität den gefürchteten Phantasien tatsächlich entspricht.

Unabhängig vom Sprechfluß ist es wichtig, sich zu vergegenwärtigen, daß man Fehler machen darf und sich auch solche eingestehen kann, ohne daß die gesamte Person in Frage gestellt wird. So wird es möglich, Fehlern auf der Sachebene gelassener zu begegnen und sie nicht als Katastrophe zu erleben.

Soziale Fertigkeiten umfassen die z. B. durch Übung geformten Erfahrungen im zwischenmenschlichen Bereich, die uns routiniert zur Verfügung stehen und keine größeren gedanklichen Handlungspläne benötigen. Fehlen also bestimmte soziale Erfahrungen, wie dies für stotternde Menschen aufgrund von Rückzugstendenzen nicht ungewöhnlich ist, treten Unsicherheiten auf.

Frappant kann dies für die Kommunikationssituation »Telefonieren« sein. Hier zeigen die meisten Stotternden große Ängste, mit dem Resultat, daß sie dieser Anforderung nach Möglichkeit aus dem Weg gehen (siehe Kapitel 7 und 8). Auf diese Weise beschneiden sie sich jedoch in ihrem Erfahrungsraum.

Konkret kann dies so aussehen, daß sie nicht wissen, daß beispielsweise bei der Telefonauskunft weniger der eigene Name interessiert, als vielmehr der Name des gewünschten Gesprächspartners und zuallererst der Ort des Gesprächsteilnehmers. Oder daß in größeren Firmen eine Telefonvermittlung existiert, die nach einer kurzen Beschreibung des Anliegens an die jeweilige Sachbearbeitung weitervermittelt. Gerade in diesem Fall kann es stotternde Menschen irritieren, wenn sie unterbrochen werden. Insbesondere dann, wenn sie die Unterbrechung auf ihre Sprechweise beziehen.

Hier geht es wieder darum, Verhaltensdefizite zu sammeln und sie sich bewußt zu machen, um dann mittels Verhaltensübungen das Handlungsrepertoire zu erweitern. Unsicherheiten im sozialen Kontakt aufgrund von Wissenslücken vermindern sich auf diese Weise erheblich.

Die hier dargestellten Methoden zeigten nur einen kleinen, aber charakteristischen Ausschnitt aus dem Repertoire psychotherapeutischer Methoden, die in Stottertherapien integriert werden. Weitere Methoden auch aus anderen therapeutischen Schulen, z. B. der Gestalttherapie, der Individualpsychologie Adlers oder der systemischen Paar- und Familientherapie, werden angewandt und sind je nach Problemlage sogar sinnvoller als die hier geschilderten Ansätze.

Alltagstraining

Gelingt der Einsatz von direkten stotterreduzierenden Maßnahmen sowie sozialen Fertigkeiten, wie z. B. Blickkontakt halten oder Wünsche äußern, in der Therapiesituation, sagt das noch nicht unbedingt etwas über das Gelingen im Alltag aus.

Damit diese Übertragung vom Therapiezimmer in die soziale Umwelt gelingt, sind systematische kleine Schritte notwendig. Die Vorstellung, daß sich dieser Prozeß von selbst entwickelt, hat sich im Laufe der Zeit als trügerisch erwiesen. Doch immer noch unterschätzen sowohl KlientIn als auch TherapeutIn manchmal die Schwierigkeit und die enorme Bedeutung dieser Transferphase.

Eine Fehlerquelle bei Fachleuten ist, daß sie die Übungen zu *komplex* gestalten. Ein erfahrener Experte betont, daß man bei Transferübungen nicht zu viel auf einmal verändern solle. Es sei bereits schwierig genug, wenn eine Anforderung um eine Dimension, z. B. den Ort, erweitert würde. Konkret könnte das so aussehen, daß TherapeutIn und KlientIn die Anwendung von direkten stotterreduzierenden Methoden im freien Gespräch in einem Cafe statt im Therapiezimmer trainieren.

Des weiteren muß die *sprachliche Anforderung* beachtet werden. Übt man beispielsweise in einem Rollenspiel die Kontaktaufnahme zu Fremden mit einem selbst festgelegten Satz, so kann es ratsam sein, diese Schwierigkeitsstufe zunächst auch im Alltagstraining beizubehalten.

Zu guter Letzt geht es um die *Beteiligung weiterer Personen.* Eine gute Vorbereitung auf den Transfer besteht darin, systematisch »Störreize« in die Therapie zu integrieren. In größeren therapeutischen Einrichtungen können Personen aus dem Kollegium hinzugezogen werden oder PraktikantInnen an der Therapiesitzung teilnehmen. Man kann nach Absprache Telefonanrufe für den Klienten oder die Klientin während der Sitzungen arrangieren oder Gesprächsunterbrechungen durch andere einrichten. Ziel all dieser Maßnahmen ist es, Therapien so früh wie möglich realitätsnah zu gestalten. Nur so kann der schwierige Schritt der Übertragung des Therapieerfolges in den Alltag gelingen.

Die Möglichkeit, Bezugspersonen einzubeziehen, sollte von Beginn der Therapie an gewährleistet sein. Viele Formen der Zusammenarbeit sind denkbar. Es kann sich dabei in größeren Zeitabständen um Informationsgespräche über ausgewählte Therapieinhalte und den Therapieverlauf handeln, so daß nahestehende Menschen den Veränderungsprozeß verstehen und die Arbeit des Klienten bzw. der Klientin schätzen und unterstützen lernen.

Es kann allerdings auch ein intensiverer Kontakt sinnvoll sein, beispielsweise wenn vertraute FreundInnen als Trainingspartnerinnen für die Erprobung des Gelernten im Alltag in Frage kommen. In dem Fall werden sie professionell angeleitet und zu Besprechungen eingeladen.

Ein engerer Arbeitskontakt mit Bezugspersonen kann sich auch aus der Notwendigkeit heraus ergeben, daß sich Angehörige oder FreundInnen verunsichert fühlen. Sie werden mit Veränderungen konfrontiert, die ihre eingespielte Beziehung zu dem stotternden Menschen irritieren können. In dem Fall sind Paar- oder Familiengespräche vorteilhaft und eine Veränderung bzw. Erweiterung des Therapieschwerpunktes erscheint ratsam.

Selbsthilfegruppen (siehe Kapitel 7) bieten einen idealen Schonraum, um Transferübungen eigenständig durchführen zu können.

Erfolge festigen – Selbsthilfefähigkeit erweitern

»Die Kunst der guten Therapie liegt dort, wo es gelingt, die schnell erreichbaren Anfangserfolge in dauerhafte Erfolge zu verwandeln. Und genau das kostet seine Zeit. Und wer glaubt, sein schneller Anfangs-Erfolg bleibe bestehen, kennt die Wirklichkeit nicht.«

Diese Aussage eines bekannten Stotterspezialisten aus Deutschland, Professor Peter Fiedler, wird jeder unterstreichen, der mit dem Phänomen Stottern vertraut ist. Im Grunde genommen gilt dies nicht nur für das Stottern, sondern für viele Verhaltensgewohnheiten, die seit längerer Zeit bestehen. Dies dürfte vielen von uns aus eigener Erfahrung bekannt sein, z. B. aus der Raucherentwöhnung oder Ernährungsumstellung im Rahmen eines Diätplans. Konsequent weitergedacht folgt daraus, daß man mit Rückfällen rechnen und ihnen aktiv begegnen können muß, um Therapieerfolge zu stabilisieren.

Regelmäßige Übungszeiten

Regelmäßiges Üben erfordert zwar ungeheuer viel Disziplin, ist jedoch unbedingt notwendig, damit man mit der gewählten Sprechtechnik oder dem Modifikationsverfahren so vertraut wird, daß sie selbst in schwierigen Situationen automatisch abrufbar sind. Gemeinsam mit der Therapeutin oder dem Therapeuten sollte überlegt werden, wie sich Übungen in den Alltag integrieren lassen, damit tägliches Training über längere Zeit gewährleistet ist. So könnte man beispielsweise Stimm- und Sprechübungen während der täglichen Autofahrt durchführen.

Selbstkontrollstrategien

Strategien zur Selbstkontrolle sind sinnvoll, um eigenverantwortlich die Therapie fortzuführen. Vorausgesetzt es wurden Selbstbeobachtung und Symptomwahrnehmung geschult, kann eine Strategie darin bestehen, sich regelmäßig vor Augen zu führen, wie häufig am Tag die Sprech- oder Modifikationstechnik eingesetzt wurde. Hilfreich ist es für manche, sich z. B. mit einem Schmuck- oder Kleidungsstück ein visuelles Signal zu verschaffen, das sie an den Einsatz ihrer Technik erinnert. KlientInnen bestimmen selbst das Maß und wählen einen Verstärker, sprich: eine Belohnung für ihre therapeutische Arbeit.

Bibliotherapie und Selbsthilfegruppen

Ich habe bereits bei der Beschreibung der Therapiebausteine betont, daß eine qualifizierte Stottertherapie nicht nur auf den Sprechfluß konzentriert sein dürfe. Parallel dazu kann es in der Stabilisierungsphase nicht ausschließlich um das Sprechtraining gehen. Eine weitere Auseinandersetzung mit dem Stottern in Form von Bibliotherapie kann für Menschen sinnvoll sein, die einen Zugang zu Literatur haben.

Auch die aktive Teilnahme an einer Selbsthilfegruppe hat sich bewährt. Die Möglichkeit der regelmäßigen Gesprächsgruppen, die vielfältigen Anregungen und Impulse zur Selbsttherapie und der sehr offene, lockere Umgang mit dem Stottern sind heilsam.

Soziales Engagement

Sozialen Rückzugstendenzen kann darüber hinaus durch Engagement in anderen Gruppen entgegengewirkt werden, die nichts mit der Thematik Stottern zu tun haben. Es geht vielmehr darum, unabhängig vom Stottern den eigenen Interessen entsprechend am sozialen Leben teilzunehmen, sei es in einer Sportgruppe oder durch andere Freizeitaktivitäten. Aktive Teilnahme am sozialen Leben bietet neben der allgemeinen Lebenszufriedenheit ein gutes Schutzschild gegen Vermeidungsversuche, die soziale Ängste nähren.

Nachsorgetreffen

Der Beitrag von professioneller Seite zur Stabilisierung besteht nicht zuletzt in Nachsorgetreffen, die in größeren Abständen, z. T. über mehrere Jahre hinweg, ein Forum bieten, sich über Schwierigkeiten und Erfolge auszutauschen. So können bei Bedarf frühzeitig Gegenmaßnahmen entwickelt werden, ehe sich gewohnte Stottermuster wieder verfestigen oder alte Ängste aufkommen.

Bei einer mehrdimensionalen Stottertherapie, die neben dem Sprechfluß auch die psychosozialen Aspekte beachtet, können zufriedenstellende Erfolge erzielt werden. Das setzt zum einen eine sorgfältig geplante Therapie voraus, die von spezialisierten Fachleuten durchgeführt wird. Zum anderen erfordert eine Stottertherapie einen hohen Einsatz vom Stotternden selbst. Der Wunsch, man begebe sich in eine Therapie wie ein Gerät zur Reparatur in eine Werkstatt, ist zwar verständlich, aber unrealistisch. Auch eine qualifizierte Stottertherapie kann nur dann wirksam sein, wenn die Betroffenen bereit sind, das Gelernte anzuwenden und langfristig selbst die Kontrolle zu übernehmen.

Memo

Eine umfassende Stottertherapie berücksichtigt mehrere Aspekte: Methoden zur direkten Veränderung des Stottermusters, soziale Erfahrungen und Gefühle, Alltagstraining sowie die Festigung von Erfolgen und Erweiterung der Selbsthilfefähigkeit.

Sprechen entsteht durch ein Zusammenspiel der Funktionsbereiche Atmung – Stimme – Artikulation. Die Sprechtechniken greifen hier verändernd ein, so daß Stottern bei konsequenter Anwendung wahrscheinlich nicht auftritt.

Eine Modifikationstechnik setzt im Gegensatz zu Sprechtechniken erst dann ein, wenn Stottern auftritt. Sinn und Zweck dieser Technik ist es, Stottersymptome zu verflüssigen oder aufzuweichen.

Die Integration psychotherapeutischer Techniken in die Stottertherapie mit Erwachsenen und Jugendlichen ist sinnvoll, ohne daß im engeren Sinne psychotherapeutisch gearbeitet werden muß. Nur so können die langjährigen Erfahrungen im

Umgang mit Stottern bearbeitet werden. Damit steigen die Chancen einer langfristigen Etablierung von mehr Sprechfluß.

Es kommen verschiedene Methoden in Betracht: geläufig sind gesprächs- und verhaltenstherapeutische. Allerdings ist eine Stottertherapie nicht gleichzusetzen mit Psychotherapie.

Der Transfer des Gelernten in den Alltag muß systematisch geplant und schrittweise durchgeführt werden.

Es ist günstig, Bezugspersonen von Beginn der Therapie an einzubinden. Die Intensität des Kontaktes ist abhängig vom individuellen Bedarf. Auch Stotterer-Selbsthilfegruppen bieten einen idealen Schonraum, um Gelerntes anzuwenden.

Hat eine Therapie zufriedenstellende Ergebnisse gebracht, geht es darum, diesen Zustand zu stabilisieren. Bezogen auf den Sprechfluß sind regelmäßige Übungen sinnvoll.

Die Auseinandersetzung mit den psychosozialen Aspekten beim Stottern endet nicht mit der Therapie. Für manche bietet die Beschäftigung mit Sachliteratur Unterstützung, für andere die Arbeit in einer Selbsthilfegruppe.

Wichtig ist es, sozialen Rückzugstendenzen entgegenzuwirken und aktiv am sozialen Leben teilzunehmen.

Nachsorgetreffen sind von professioneller Seite ein Beitrag zur Stabilisierung der Therapieerfolge. Auftretende Probleme können besprochen und einer Verfestigung alter Stottermuster kann entgegengewirkt werden.

Weitere unterstützende Hilfen innerhalb eines mehrdimensionalen Ansatzes

Sprechhilfen

Unter Sprechhilfen versteht man Verfahren wie Sprachmaskierung, Schattensprechen, Chorsprechen (Unisono) und die verzögerte auditive Rückmeldung (VAR), die, anders als bei Sprechtechniken, eher passiv die Sprechweise in bestimmten Parametern verändern, so daß Stottern unmittelbar gesenkt wird. Der Transfer des Effektes auf Alltagssituationen ist denkbar gering, so daß alle diese Sprechhilfen lediglich als Therapieeinstieg oder im Alltag als kurzfristige Soforthilfe eine Rolle spielen.

Bei allen Sprechilfen werden im wesentlichen zwei Wirkmechanismen vermutet: die Verlangsamung des Sprechens und die Irritation der Aussprachekontrolle über das Gehör, so daß das Sprechen über das Bewegungsgefühl kontrolliert werden muß.

Sprachmaskierung

Hier verhindert man die eigene Sprechkontrolle über das Gehör mit einem über Kopfhörer oder Miniaturgerät dargebotenem »weißen Rauschen«, das dem Geräuschgemisch nach Sendeschluß ähnelt. Die Erfahrungen haben gezeigt, daß die Stotterrate ab 50 Dezibel aufwärts parallel zum Anstieg der Lautstärke abnimmt. Der Effekt ist unmittelbar und drastisch, allerdings erlischt er sofort nach Ausschalten des Gerätes wieder. Gegen eine dauerhafte Anwendung sprechen weitere Gründe wie mangelnder Komfort und eine hohe Geräuschbelastung.

Schattensprechen

Darunter versteht man das nahezu gleichzeitige Sprechen zweier Personen. Mit ein wenig Übung gelingt dies recht bald. Allerdings ist eine ungeheure Konzentration erforderlich, so daß erfahrungsgemäß der Inhalt des Gesprochenen in den Hintergrund tritt. Die Wirkung auf die Zunahme des Sprechflusses ist zwar ähnlich unmittelbar und beeindruckend wie bei der Maskierung, leider ist die Methode aber im Alltag nicht wirklich praktikabel.

Chorsprechen

Chorsprechen oder auch Unisono (mit einer Stimme) -Sprechen verläuft im Gegensatz zum Schattensprechen nicht um Sekundenbruchteile verzögert, sondern gleichzeitig. Die SprecherInnen benötigen daher denselben Text. Die Stotterrate reduziert sich sofort. Ähnlich wie bei den zuvor genannten Sprechhilfen ist auch hierbei kein überdauernder Effekt registrierbar. Immerhin sind Einsatzmöglichkeiten im Alltag denkbar, wie z. B. in der Schule das gemeinsame laute Lesen eines Textes.

Verzögerte auditive Rückmeldung (VAR)

Hierbei wird mittels eines Kopfhörers das eigene Sprechen um Sekundenbruchteile später, ähnlich wie bei einem Echo, zurückgemeldet. Diese Methode führt ebenfalls zu einer raschen und beträchtlichen Reduzierung der Symptomatik. Auf dem Markt sind tragbare Geräte erhältlich. Ein Klient erzählte mir, er habe sich ein Miniaturgerät in sein Telefon einbauen lassen, womit er gut zurechtkomme. Insgesamt sind die erreichbaren Erfolge durch VAR ohne Anschaffungskosten durch eine systematische Veränderung der Sprechweise oder durch Modifikationstechniken genausogut und langfristig effektiver zu erzielen.

Entspannungsverfahren

Entspannungsverfahren, wie z. B. die progressive Muskelentspannung nach Jacobsen, können als begleitende Maßnahmen in Stottertherapien vorteilhaft sein. Sie lösen die durch Ängste und sekundäre Symptome entstandenen Muskelspannungen.

Medikamentöse Behandlung

Die »Pille gegen das Stottern« mögen sich einzelne schon mal sehnlich gewünscht haben. Die Forschung ist davon allerdings noch weit entfernt. Systematische Studien haben gezeigt: Die Stotterrate reduzierte sich bei einigen Menschen für die Dauer der Einnahme bestimmter Medikamente, ging jedoch in keinem Fall komplett zurück, bei anderen ergab sich überhaupt kein stotterreduzierender Effekt. Einige Wochen nach Absetzen des Medikaments war die Stotterrate nahezu auf demselben Level wie zuvor.

Kritische Befürworter halten Medikamente nur als Starthilfe für denkbar, besonders bei Motivationsproblemen. Keinesfalls solle die Medikation eine Therapie ersetzen.

Andere lehnen den Einsatz von Medikamenten aufgrund der schädlichen Nebenwirkungen bei Langzeiteinnahme und wegen der mäßigen Erfolge im Gegensatz zu den therapeutischen Möglichkeiten eines mehrdimensionalen Ansatzes ab.

Aus der Alternativmedizin sind mir im Rahmen der Akupressur oder Bachblütenbehandlung Indikationsempfehlungen bei Stottern begegnet. Systematische Untersuchungen über die Wirkung gibt es meines Wissens nicht. Nach allem, was über Stottern bekannt ist, darf man vermutlich höchstens eine milde und noch dazu unspezifische Wirkung erwarten.

Memo

 Unter Sprechhilfen versteht man Verfahren, die, anders als bei Sprechtechniken, eher passiv die Sprechweise in bestimmten Parametern verändern, so daß Stottern unmittelbar gesenkt wird.

Zu den Sprechhilfen zählen: Sprachmaskierung, Schattensprechen, Chorsprechen (Unisono) und die verzögerte auditive Rückmeldung (VAR).

Die damit kurzfristig erzielte Zunahme des Sprechflusses läßt sich auch aus kommunikativen Gründen nicht dauerhaft auf Alltagssituationen übertragen.

Entspannungsverfahren werden von einigen Fachleuten als ein unterstützendes Element innerhalb eines mehrdimensionalen Therapiekonzeptes eingesetzt.

Medikamente in der Stottertherapie haben bislang lediglich kurzzeitige Effekte gebracht. Aufgrund der mäßigen Erfolge und der Nebenwirkungen scheint eine Medikation derzeit nur in Einzelfällen sinnvoll.

Wie finde ich die passende Therapie?

So wie man lange Zeit auf der Suche nach einer allgemeingültigen Ursache für die Entstehung des Stotterns war, so glaubte man ebenfalls an die Existenz der einen Stottertherapie, die für alle Stotternde gleichermaßen hilfreich ist. Inzwischen ist in Fachkreisen allgemein anerkannt, daß das Bündel an verursachenden, verstärkenden und aufrechterhaltenden Einflüssen von Person zu Person variiert. Therapeutische Maßnahmen müssen dieser individuellen Ausgangslage entsprechen.

Deshalb erwartet man heute von StottertherapeutInnen, daß sie ein möglichst breites Repertoire an therapeutischen Methoden und Techniken beherrschen. Damit ist der Idealzustand beschrieben. Für Fachleute gilt im übrigen ähnliches wie für Betroffene: Sie müssen Methoden finden und ein Repertoire entwickeln, das zu ihnen paßt, das ihren theoretischen Vorstellungen über Stottern entspricht und das sie überzeugend vermitteln können.

Es spricht auch nichts gegen die Qualität eines Therapieangebots, wenn Fachleute lediglich ausgewählte Bausteine einer Stottertherapie beherrschen. Allerdings ist in jedem Fall die Notwendigkeit für TherapeutInnen gegeben, ihr Angebot transparent zu machen. Nur so kann entschieden werden, ob die Therapie die gewünschten Veränderungen unterstützend begleiten kann.

Leitfragen zum Therapieangebot

Ich möchte Sie mit den in diesem Kapitel vorgestellten Leitfragen ermuntern, sich mit dem Therapieangebot auseinanderzusetzen. Vielleicht erscheint diese Anregung auf den ersten Blick befremdend. Doch wenn wir eine größere Anschaffung planen, geht dies in der Regel mit einem Preis- und Qualitätsvergleich einher. Warum sollte für Therapien anderes gelten? Trauen Sie sich ruhig, Ihre Fragen zu stellen. Sollte eine Therapeutin oder ein Therapeut sich dem verweigern, macht sie oder er sich selbst unglaubwürdig. Denn Transparenz ist meines Erachtens ein grundlegendes und schulenübergreifendes Qualifikationsmerkmal.

Ich möchte Sie mit den vorliegenden Fragen auch einladen, sich aktiv mit sich selbst zu beschäftigen. Dies ist gleichzeitig eine sinnvolle Vorbereitung auf einen therapeutischen Prozeß, bei dem Ihre Mitarbeit ebenfalls wichtig ist.

Fragen zur eigenen Problematik
Was denken Sie über die Ursache Ihres Stotterns?
Die Faktorenkonstellation verändert sich im Verlauf der Redeflußstörung über die Lebensspanne hinweg. Die Einflußgrößen, die im engeren Sinne zur Verursachung des Stotterns gehören, müssen nicht dieselben sein, die zu seiner Aufrechterhaltung beisteuern.

Die meisten denken jedoch, wenn sie herausgefunden haben, wodurch das Stottern verursacht ist, würde sich die darauf abgestimmte Therapie, die Stottern »verschwinden« läßt, schon finden lassen. An dem Punkt ist die Forschung noch nicht angelangt. Dennoch ist es sinnvoll zu überlegen, worin Sie den verursachenden Moment Ihres Stotterns ausmachen oder was Ihnen durch Ihre Umwelt wiederholt nahegelegt wurde und was Sie darüber denken, wie und ob sich das heute noch auf Ihre Redeflußstörung auswirkt.

Wodurch wird Ihrer Ansicht und Erfahrung nach
Ihr Stottern verstärkt und aufrechterhalten?
Diese Frage kann unterschiedlich beantwortet werden: Angst vor herabwürdigenden Äußerungen; Angst, Verantwortung für den Inhalt des Gesagten zu übernehmen; physiologische Faktoren wie ständige Übermüdung und körperlicher Streß; sprachliche Anforderungen. Während eines therapeutischen Prozesses gilt es, solche persönlichen Annahmen durch Eigen- und Fremdbeobachtung auf ihre Richtigkeit hin zu überprüfen und gegebenenfalls zu erweitern.

Vor Therapiebeginn hilft es, einen ersten Eindruck von der Problemlage zu bekommen. Sie können sich einstimmen, indem Sie sich jetzt fragen: In welchen Situationen bemerke ich eine starke Symptomatik? Wie reagiere ich darauf? Was ist diesen Situationen gemeinsam? Welche Anforderungen wirken sich in welcher Weise auf mein Stottern aus?

Auf welche Weise glauben Sie, positive Veränderungen
der Symptomatik erzielen zu können?
Lassen Sie diese Frage auf sich wirken. Wenn Sie Gedanken dazu haben, notieren Sie sich doch ein paar Stichworte, vielleicht in einer Art »Therapietagebuch«, einem Heft, das für derartige Notizen reserviert wird.

Wenn Ihnen dazu nichts einfällt, sind mehrere Gründe denkbar: Sie haben die Erfahrung der eigenen Wirksamkeit im Hinblick auf Ihr Stottern einfach noch nicht gemacht. Sie haben keine Idee dazu, wie Sie Ihr Stottern beeinflussen können. Sie hoffen darauf, daß Ihr Stottern »irgendwie« nach der Therapiezeit »weg« ist. Eine Stottertherapie ist jedoch kein Wundermittel. Aktive Mitarbeit ist erforderlich. Deshalb ist es wichtig,

daß Sie im Laufe der Zusammenarbeit eigene Vorschläge entwickeln oder diese thematisieren, falls Sie bereits mit konkreten Vorstellungen in die Therapie oder Beratung kommen.
Bringen Sie Ihre Ideen ein. Möglicherweise revidieren sich einige der Vorstellungen. Dennoch wirkt sich aktives Experimentieren positiv aus, da es Ihr Vertrauen in die eigenen Fähigkeiten
stärken wird.

Welche Erwartungen an den Erfolg haben Sie?
Wie sähe ein gutes Ergebnis in Ihren Augen aus?
Erwarten Sie, daß Sie nach Abschluß der Therapie nie mehr
stottern werden? Wenn ja, dann hoffen Sie auf das, was man
allgemein unter Heilung versteht. Wenn ich nun realistische
Erfahrungen aus Therapiestudien heranziehe und sage, daß
Heilung im Jugendlichen- und Erwachsenenalter ziemlich un-
wahrscheinlich ist, werden mir einige Fachleute vorwerfen, ich
nähme Ihnen die Hoffnung und damit die Motivation zur Therapie. Ich teile diese Ansicht nicht. Ich bin vielmehr der Überzeugung, daß die positiven Ergebnisse, die sich mit therapeutischer Unterstützung oder durch Selbsthilfe erreichen lassen,
unterbewertet werden, wenn sie ständig an der obersten, noch
dazu »wackligen« Meßlatte, der Heilung, gemessen werden.
Geht man davon aus, daß Stottern nach Therapieende »weg«
ist, ist es naheliegend, den aktiven Einsatz von Sprechtechniken
oder die flüssige Restsymptomatik als mißlungenes Therapieergebnis auf der Symptomebene zu betrachten.

Wenn Sie jetzt also über Ihre Erwartungen an das Therapieergebnis nachdenken, versuchen Sie doch einmal, verschiedene
kleine Teilziele zu formulieren, anhand derer Sie später Ergebnisse messen können. Beispielsweise könnten Etappenziele lauten: Ich möchte meine sekundären Symptome reduzieren, z.B.
meine Augen nicht schließen beim Block. Ich möchte mich an
Gesprächen mit weniger Angst beteiligen, z.B. meine Meinung
äußern. Ich möchte neue Erfahrungen machen, z.B. in einem

Restaurant etwas bestellen. Ich möchte mich in Situationen kennenlernen, die ich zuvor vermieden habe, z.B. eine Beschwerde beim Ober über das verbrannte Steak wagen.

Versuchen Sie doch einmal, selbst wenn es zunächst schwerfällt, den Wunsch nach Heilung beiseite zu legen. Machen Sie sich Ihre kleineren Wünsche bewußt. Veränderungen vollziehen sich in kleinen Schritten. Positive Ergebnisse lassen sich daran konkreter messen als an dem gewünschten Idealzustand.

Sind Sie der Meinung, daß sich Ihre Probleme nur dann lösen lassen, wenn Sie flüssig sprechen?
Beschreiben Sie eines Ihrer Probleme ausführlich und überlegen Sie sich, welche Fähigkeiten zur Bewältigung notwendig sind.
Sprechfluß kann zur zentralen Idee werden. Manche Menschen nehmen an, wenn sie flüssig sprächen, seien sämtliche Probleme gelöst. Wenn man eine Problemsituation genauer betrachtet, stellt man dagegen häufig fest, daß es ganz andere Voraussetzungen sind, die effektiver zur Erfüllung einer Anforderung beitragen.

Nehmen wir als ein Beispiel die berufliche Tätigkeit im Verkauf. Dieser Aufgabenbereich ist vielfältig: Wissen über den Verkaufsgegenstand, Menschenkenntnis, Sicherheit im Auftreten, Beratungsgeschick und Überzeugungsgabe, Kontaktaufnahme, verbale und nonverbale Kommunikationsfertigkeiten. Es hängt nicht vom flüssigen Sprechen ab, ob der Verkäufer oder die Verkäuferin die KundInnen von dem jeweiligen Produkt überzeugt. Angstfreies und flüssiges Stottern hindert nicht an einer gelungenen Kontaktaufnahme. Wenn sich aber beispielsweise eine Verkäuferin scheut, Blickkontakt mit einer Kundin aufzunehmen, weil sie dann fürchten muß, angesprochen zu werden, kann dies den Gesprächsbeginn wesentlich negativer gestalten als Unflüssigkeiten im Sprechablauf.

Wieso wollen Sie eine Therapie beginnen?
Nun kann es sein, daß andere mehr daran interessiert sind, daß Sie eine Therapie beginnen, als Sie selbst. Für den Anfang ist dies nicht weiter schlimm. Oftmals haben die Unterstützung und der sanfte Druck anderer den entscheidenden ersten Schritt ausgelöst. Allerdings kann die Motivation anderer auf Dauer nicht die eigene Motivation ersetzen. Das bedeutet, daß Sie selbst sich für oder gegen einen Therapiebeginn entscheiden müssen.

Überlegen Sie ruhig bereits vor Therapiebeginn, wie Sie Ihre Motivation für längere Zeit aufrechterhalten können.

Wie weitreichend beeinflußt Stottern Ihr jetziges Leben?
Stellen Sie sich einen ganz alltäglichen Tagesablauf vor: Begleitet das Stottern oft Ihre Gedanken und Gefühle? Inwieweit wirkt sich dies auf die Beziehung zu anderen aus? Machen Sie von der Möglichkeit zu stottern abhängig, ob Sie bestimmte Dinge tun, z. B. auf eine Party gehen? Vielleicht werden Sie feststellen, daß die Redeflußstörung Ihren Alltag weitgehend bestimmt.

Stellen Sie sich nun einmal vor, Stottern wäre kein Problem mehr für Sie. Was wäre dann anders?
Was für neue Anforderungen kämen auf Sie zu?
Aus dem Stottern kann sich bei allen Unannehmlichkeiten und den »Kosten« im Laufe der Zeit manche Schutzfunktion und mancher »Nutzen« ergeben. Ich will damit keineswegs sagen, daß ein Mensch z. B. stottert, damit er von seiner Umwelt geschont wird. Dennoch kann es sein, daß jemand diese Erfahrung in seinem Leben häufig gemacht hat. Andere haben ihm Sprechaufgaben abgenommen, seine mündliche Beteiligung im Unterricht war nicht erforderlich etc.

Wenn diese Schutzfunktion entfällt, müssen allmählich neue Erfahrungen gemacht und zusätzliche Aufgaben erfüllt werden. Dies wird um so stärker ausfallen, je mehr das Leben vom Stottern bestimmt war. Die Veränderungen sind somit weiter zu fassen und nicht lediglich auf die Flüssigkeit der Rede reduzierbar. Aus diesem Grund wird in Therapien wiederholt Resümee gezogen und es werden neue Ziele ins Auge gefaßt.

Fragen zur fachlichen Behandlung

Im Erstgespräch mit der Therapeutin bzw. dem Therapeuten sollte klarwerden, auf welche Art und Weise in der Therapie positive Veränderungen erzielt werden sollen. Vieles von dem hier angesprochenen wird Ihnen eine qualifizierte Fachkraft vermitteln.

Was kommt auf Sie als KlientIn/PatientIn in der Stunde zu?
Für eine erste Orientierung ist es sinnvoll zu erfahren, wie ein typischer Ablauf einer Therapiesitzung konkret aussieht. Eine solche Orientierung ist nicht nur für Therapieunerfahrene hilfreich. Eine Entscheidung für ein bestimmtes Verfahren fällt um so leichter, je mehr Sie darüber wissen und sich konkret darunter vorstellen können.

Einige Fachleute arbeiten regelmäßig mit Videoaufnahmen und demonstrieren mit der Erlaubnis der Beteiligten Ausschnitte aus den Sitzungen. Andere wiederum bieten Ihnen sozusagen als »Geschmacksprobe« charakteristische Fragen oder eine Übung aus dem Therapiekonzept bereits im Erstgespräch an. Vielleicht haben Sie ganz andere Erwartungen an eine Therapie. Eine Klärung vor Aufnahme einer Therapie schützt einerseits vor Enttäuschungen, gleichzeitig eröffnet dies allen Beteiligten die Chance, abweichende Vorstellungen über die Behandlung zu besprechen. Häufig scheitern Arbeitsbündnisse daran, daß über solche grundlegenden Erwartungen nicht zu Beginn einer Therapie geredet wird.

*Welchen zeitlichen Aufwand müssen Sie außerhalb
der Therapiestunden für Ihre selbst durchzuführenden
Übungen einkalkulieren? Wie lange ist die Therapie
insgesamt anzusetzen?*

Es ist ein Fehlschluß anzunehmen, daß die Zeit, die Sie mit der
Therapeutin bzw. dem Therapeuten arbeiten, den gesamten
Aufwand abdeckt. Sie sollten diese Zeit eher als Anleitung zur
Selbsthilfe verstehen. Das bedeutet, daß Sie zusätzliche Beob-
achtungs- und Übungszeit einkalkulieren müssen. Was den
Zeitumfang betrifft, wird Ihre Therapeutin bzw. Ihr Therapeut
Erfahrungswerte gesammelt haben. Weiterhin beeinflußt die
Bereitschaft zur Eigeninitiative seitens der PatientInnen/Klient-
Innen sowie die Häufigkeit und Dauer der regelmäßigen Thera-
piesitzungen den Trainingsumfang.

Mit welchen Methoden sollen Veränderungen erzielt werden?

In einer Therapie werden unterschiedliche Methoden (z. B. Gespräche, Rollenspiele, Umfeldarbeit) und Techniken (Sprechtechniken, Modifikationstechniken, Entspannungsverfahren)
eingesetzt, die unterschiedliche Verhaltensbereiche ansprechen (Gefühle, Einstellungen, Sprechmotorik). Es ist günstig,
wenn eine Stottertherapie mehrdimensional angelegt ist. Die
Auswahl und die Reihenfolge dieser Therapiebausteine wird
meist individuell festgelegt. In einem Erstgespräch oder anhand von Informationsblättern können Sie darauf achten, was
Ihnen der Therapeut über seine Vorgehensweise berichtet.

Fördert der Therapeut Ihre Eigeninitiative?
Sind Sie bei der Erkundung Ihres Stotterns eingebunden?
Müssen Sie aktiv werden?

Jede Therapie sollte den einzelnen in die Lage versetzen, sich
selbst zu helfen. Mit anderen Worten: Stotternde werden zum
Experten in eigener Sache ausgebildet. Das bedeutet, daß
Informationen über mögliche ursächliche und aufrechterhaltende Bedingungsfaktoren vermittelt werden und der gesamte

Therapieablauf transparent bleibt. So können PatientInnen/ KlientInnen eigenständig mitarbeiten und zunehmend unabhängiger von therapeutischer Unterstützung werden.

Wie steht die Therapeutin bzw. der Therapeut zur Selbsthilfebewegung? Aufgrund welcher Kenntnisse und Kontakte ist sie/er zu dieser Einstellung gekommen?
Selbsthilfefähigkeit kann einerseits im therapeutischen Prozeß ausgebaut werden. Andererseits ist es sinnvoll, diese eigenständig in einer Gruppe weiterzuführen oder durchaus auch anstatt einer professionellen Therapie wahrzunehmen.

Viele Fachleute wissen um die wertvolle Arbeit der Selbsthilfegruppen und motivieren ihre PatientInnen/KlientInnen zur Teilnahme. Andere wiederum stehen soviel emanzipierter Eigeninitiative mißtrauisch gegenüber. Sie bezweifeln, daß Menschen mit demselben Problem sich gegenseitig unterstützen, daß sie sich überhaupt verändern wollen, daß ein offener selbstbewußter Umgang mit dem Stottern der richtige Weg ist. Hier ist es interessant nachzufragen, wie die Therapeutin bzw. der Therapeut zu dieser Meinung gekommen ist. Hat sie bzw. er die Arbeit in Selbsthilfegruppen kennengelernt oder basieren die Überzeugungen auf Vermutungen? Oftmals äußern Fachleute Zweifel, weil sie sich einfach nicht vorstellen können, wie Veränderungen ohne ihre fachliche Unterstützung machbar sind, die sie sich selbst zudem in langen Ausbildungszeiten angeeignet haben.

Nun kann man unterschiedlicher Meinung über die Arbeit in Selbsthilfegruppen sein. Mißtrauisch sollten Sie allerdings dann werden, wenn Ihnen Ihre Therapeutin bzw. Ihr Therapeut den Kontakt verbieten will. Überzeugen Sie sich selbst, ob eine Selbsthilfegruppe oder eines der zahlreichen Seminarangebote der Selbsthilfebewegung interessant für Sie ist.

Werden Bezugspersonen in die Therapie integriert?
Stotternde Menschen entwickeln in ihrer Lerngeschichte soziale Verhaltensweisen, die sich mit der Zeit im Kontakt mit anderen einspielen. Mit wachsendem Selbstvertrauen und veränderter Stottersymptomatik wandeln sich häufig auch die sozialen Beziehungen. Stellen Sie sich vor, ein zuvor schüchterner Jugendlicher widerspricht seinen Eltern; ein Partner erledigt seine Telefonate selbst und indem er ein Stück Hilflosigkeit aufgibt, entfällt eine vertraute Aufgabenverteilung in der Partnerschaft; bei einer anderen stotternden Person ist die Auffälligkeit auf den sprachlichen Bereich begrenzt: durch die Verlangsamung und die andere Betonung klingt das Sprechen fremd. All diese Veränderungen können die nähere Umwelt irritieren. Ist die Verunsicherung zu groß, können diese Bezugspersonen ungewollt einer Änderung im Wege stehen, z.B. indem sie weiterhin sprachliche Aufgaben erledigen. Andere wiederum wollen ihre bestmögliche Unterstützung geben.

Nahestehende Menschen müssen über die Therapieinhalte informiert werden, und gleichzeitig sollte für sie die Möglichkeit geschaffen werden, durch die Veränderung eventuell auftretende Probleme zu besprechen. Sie sollten bei Bedarf in den therapeutischen Prozeß integriert werden.

Dies kann auf unterschiedliche Art und Weise verwirklicht werden.

Wie sollen die therapeutischen Erfolge
in den Alltag übertragen werden?
Veränderungen im Erleben, Denken, Sprechen und Handeln im Therapiezimmer zu erreichen ist die eine Sache – diese Fortschritte in den Alltag zu übertragen (Transfer) und auf weitere Lebensbereiche auszuweiten (Generalisierung) ist eine andere. Für den Einsatz von Sprech- oder Modifikationstechniken sowie zum Angstabbau haben sich beispielsweise gemeinsame Übungen in der realen Umwelt als nützlich erwiesen.

Wie können die therapeutischen Erfolge gehalten werden?
Bereitet Sie der Therapeut auf Rückfälle vor?
Rückfälle sind nicht die Ausnahme, sondern die Regel, wenn es um die Veränderung von vertrauten Verhaltensweisen geht. Das betrifft nicht nur die Veränderung des Stotterns, sondern dies ist aus vielen Lebensbereichen bekannt, z. B. bei der Umstellung von Ernährungsgewohnheiten. Direkt nach Abschluß einer guten Therapie beeindruckt ein Hochgefühl, das verbunden ist mit einer deutlichen Verbesserung der Symptomatik, manchmal sogar ausschließlich flüssigem Sprechen. Der Eindruck, daß Stottern heilbar sei, muß auf diese Weise entstanden sein. Dem folgt jedoch erfahrungsgemäß häufig über längere Zeit hinweg der Rückfall in alte Stottermuster, wenn man dem nicht aktiv entgegenwirkt.

Nachsorgetreffen sind eine gute Möglichkeit, Stotternde zu unterstützen und Rückfällen entgegenzuwirken bzw. angemessen damit umzugehen. Sie dienen außerdem der Überprüfung der Stabilität der therapeutischen Erfolge.

Besteht die Möglichkeit, mit ehemaligen PatientInnen/
KlientInnen Kontakt aufzunehmen? Gibt es noch weitere
Möglichkeiten, sich über das jeweilige therapeutische Angebot
zu informieren, z. B. über Veröffentlichungen?
Einige Fachleute vermitteln Kontakte zu ehemaligen PatientInnen/KlientInnen, andere bieten ein Forum, in dem AbsolventInnen einer Therapie über ihren Weg berichten und somit anderen Therapieinteressierten einen lebendigen Einblick in die Arbeitsweise vermitteln. Manche Fachleute veröffentlichen ihre Arbeitsweise und machen damit ihren Ansatz transparent. Meist sind dies Informationsblätter für Betroffene, manchmal Artikel für Fachzeitschriften, seltener größere Abhandlungen.

Nun ist eine Veröffentlichung nicht unbedingt ein Qualitätsmerkmal für eine gute Therapie, allerdings haben Interessierte eine weitere Möglichkeit, sich umfassend über das jeweilige Therapieangebot zu informieren. Außerdem macht ein Therapeut damit seine Arbeit transparent und setzt sich der Kritik von FachkollegInnen aus. Das ist sehr wohl als positives Kriterium zu werten, kann aber auf verschiedene Weise erreicht werden, beispielsweise über Vorträge, Supervision oder kollegialen Austausch.

Welche Ausbildung hat die Fachperson absolviert?
Hat sie sich auf den Themenbereich Stottern spezialisiert?
Wenn der Ausbildungsabschluß nicht ersichtlich wird, fragen Sie ruhig nach. Im sechsten Kapitel sind die maßgeblichen Berufsgruppen vorgestellt. Die weiterführende Spezialisierung erkennen Sie sicherlich an der Art und Weise der Vermittlung von Sachinformationen und an der Darstellung eines klar umrissenen therapeutischen Konzepts.

Arbeitet die Therapeutin bzw. der Therapeut
unter Supervision?
Supervision bedeutet eine Art selbst aufgesuchter Qualitätskontrolle, die TherapeutInnen entweder alleine oder in einer Gruppe, mit oder ohne Unterstützung einer Fachkraft (SupervisorIn) durchführen. Sinn und Zweck solcher Gesprächsgruppen ist es, laufende Therapien zu besprechen und fachlichen Rat bei auftretenden Schwierigkeiten zu bekommen, statt nur »in der eigenen Suppe zu kochen«. Damit ist die Chance gegeben, Fehlentwicklungen im therapeutischen Prozeß entgegenzuwirken. Sollte die Therapeutin Sie daher bitten, Video- oder Tonaufnahmen aus der Therapie in Fachkreisen besprechen zu dürfen, ist das positiv zu bewerten.

Ist die Therapeutin bzw. der Therapeut erfahren
auf dem Gebiet der Stottertherapie?
Die Anzahl der bereits behandelten PatientInnen/KlientInnen ist ein Indikator für Erfahrung im Bereich Stottertherapie.

Allerdings erlaubt die Anzahl keine Aussage darüber, wie reflektiert die Therapien durchgeführt wurden (s.o.).

Ein Ausgleich für geringe therapeutische Erfahrung kann beispielsweise die eigene Bewältigung des Stotterns sein. Er kann auch durch Beratungstätigkeit zum Themenbereich Stottern und die Zusammenarbeit mit Selbsthilfegruppen gewährleistet sein.

Fundierte Sachkenntnis kann in manchen Fällen ein besserer Hinweis auf eine qualifizierte Fachkraft sein als die konkrete Praxis. Wenn sich eine Therapeutin bzw. ein Therapeut neu in ein Störungsbild einarbeitet, ist weniger der Umstand der mangelnden Praxis zu bewerten als die Bereitschaft, sich intensiv mit dem neuen Themenbereich auseinanderzusetzen.

Welche Bedingungsfaktoren nimmt der Therapeut für das Stottern an? Welche diagnostischen und therapeutischen Konsequenzen hat dies für die Zusammenarbeit?
Es gibt immer noch Fachleute, die, ohne eine individuelle Diagnose erstellt zu haben, eine vorwiegend theoretisch geleitete Vorstellung von den Bedingungsfaktoren des Stotterns haben. Hier ist es angebracht, besonders sorgfältig zu prüfen, ob diese Vorstellungen und die darauf basierenden therapeutischen Methoden auf die eigenen Bedürfnisse zutreffen.

Welche Ziele werden für die Zusammenarbeit formuliert?
Denkt die Therapeutin bzw. der Therapeut ausschließlich an Sprechflüssigkeit, Sie dagegen sind an der Überwindung der Sprechangst interessiert? Will die Therapeutin bzw. der Therapeut Ihr Selbstbewußtsein stärken, Sie dagegen wollen Ihr Stottern mit Hilfe einer Modifikationstechnik kontrollieren? Wie weit decken sich diese Ziele mit Ihren persönlichen Vorstellungen? Dies muß gemeinsam besprochen werden, und man sollte sich zunächst auf Teilziele einigen. Ziele verändern sich im

Laufe einer Therapie. Daher sollte man sie als vorläufig betrachten.

Nehmen wir als Beispiel ein unrealistisches Ziel, z. B. »In einem halben Jahr möchte ich mein Stottern ›weghaben‹«, mit dem Betroffene manchmal eine Therapie beginnen. Es ist wichtig, dieses Ziel zu formulieren und den Hintergrund dieser Zielsetzung zu verstehen. Oftmals sind damit markante Übergänge im Lebenslauf verbunden, wie Studienabschluß, Berufs- oder Schulwechsel. Sprechflüssigkeit scheint zunächst die unabdingbare Voraussetzung für die Bewältigung der bevorstehenden Aufgaben zu sein. Liegen die Ziele von TherapeutIn und PatientIn/KlientIn zu weit auseinander, schließen sie sich sogar gegenseitig aus und kann keine Einigung auf ein gemeinsames Zwischenziel erzielt werden, sollte die Therapie nicht aufgenommen werden.

Wird die Effektivität der Therapie kontrolliert?
Gute TherapeutInnen sind selbst daran interessiert, die Effektivität ihrer Arbeit zu kontrollieren. Dies ist ein Zeichen von souveräner und gründlicher Tätigkeit und nicht mit Unsicherheit im negativen Sinne zu verwechseln. Ein kontrolliertes Vorgehen kann als therapeutisches Gütesiegel verstanden werden. Durch systematische Beobachtung besteht die Möglichkeit, fördernde, unwesentliche oder gar hemmende Einflußfaktoren in der Therapie auszumachen. Dies kann auf unterschiedliche Art und Weise verwirklicht werden. Vielleicht werden zu Beginn und im weiteren Verlauf einer Therapie Fragen an Sie gerichtet, und dies nach Beendigung ebenfalls in größeren Abständen. Möglicherweise werden dabei Fragebögen eingesetzt. Unterstützen Sie als Betroffene(r) diese systematische Überprüfung der Therapieeffektivität.

*Verspricht Ihnen die Therapeutin bzw. der Therapeut
Heilung in kurzer Zeit mit wenig Aufwand?*
Nimmt er Ihnen dafür viel Geld ab?
Hier ist Vorsicht geboten! Behalten Sie Ihr Geld, statt es einem Scharlatan in den Rachen zu werfen. Niemand kann garantieren, daß Stottern zu keiner Zeit und in keiner Situation mehr auftritt. Abgesehen davon ist ein erfülltes Leben nicht von der Tatsache abhängig, ob man stottert oder nicht. Stottern ist nicht gleich Stottern. Es gibt vielfältige Formen, »bequemer« zu stottern und flüssiger zu sprechen, so daß die Kommunikation nicht gestört ist.

Fragen zu den Rahmenbedingungen

*Existiert ein Therapievertrag zwischen Ihnen
und dem Therapeuten?*
Viele TherapeutInnen vereinbaren die organisatorischen und formalen Angelegenheiten schriftlich mit ihren PatientInnen/KlientInnen. Diese Vereinbarung wird erfahrungsgemäß sowohl deren Pflichten benennen (Pünktlichkeit, finanzielle Sicherung, Schweigepflicht etc.) als auch die angebotene therapeutische Leistung umreißen. Auf die nun folgenden Punkte sollten Sie achten.

*Wie lange dauert eine Therapieeinheit und wieviele
sind pro Woche vorgesehen?*
Besprechen Sie im Erstgespräch den zeitlichen Rahmen. Finden Sie heraus, ob auf Ihre individuelle Problematik zugeschnittene Rahmenbedingungen vereinbart werden können. Wenn Sie feststellen, daß nicht mehr als ein Termin in der Woche von seiten des Therapeuten einzurichten ist, prüfen Sie, ob dies mit Ihren Bedürfnissen übereinstimmt. Sollte anderes für Sie optimal sein, überlegen Sie gemeinsam, welche weiteren Maßnahmen das ausgleichen könnten. Denkbar wäre beispielsweise, zusätzlich zur therapeutischen Anleitung mit einer Prak-

tikantin zu arbeiten. Oder Sie suchen sich selbst eine vertraute Person, die als Co-TherapeutIn fungiert, d. h. Sie legen mit der Therapeutin bzw. dem Therapeuten Übungen fest, die Sie mit jemand anderem durchführen und z. B. auf Tonband dokumentieren. Es gibt einige Möglichkeiten, den organisatorischen Rahmen den eigenen Bedürfnissen anzupassen. Das setzt allerdings Bereitschaft zur Eigeninitiative voraus.

Wird die Therapie als Einzel- oder Gruppentherapie durchgeführt? Ist eine Kombination aus beiden anvisiert?
Beide Therapieformen sind gängig, beide sind wertvoll für unterschiedliche Schwerpunkte. Beim Stottern ist es sinnvoll, zumindest zusätzlich eine Therapiegruppe anzubieten, vor allem, wenn es um die Bearbeitung von sozialen Ängsten geht, z. B. um die Angst, vor einer Gruppe zu sprechen, seine Meinung zu äußern, Kritik zu empfangen etc. Außerdem sind viele Übungen im Rahmen der Stabilisierung von therapeutischen Erfolgen effektiver in einer Gruppe durchzuführen als in der Einzelsituation.

Einzelbehandlungen sind vor allem in der ersten Therapiephase günstig, da hier die Bedürfnisse des einzelnen im Mittelpunkt stehen. Eine intensivere individuelle Unterstützung ist somit gewährleistet. Einzelsitzungen sind darüber hinaus oft aus organisatorischen Gründen erforderlich. Hier könnten ähnliche Lösungsstrategien entwickelt werden wie beim vorangehenden Punkt vorgeschlagen.

Werden die Kosten von der Krankenkasse übernommen?
Wie hoch ist der Eigenanteil an den Behandlungskosten?
Besteht eine Kassenzulassung, werden die Kosten für eine Therapieeinheit über die Krankenkasse abgerechnet. Erwachsene zahlen derzeit auch bei Kostenübernahme durch die Kassen eine gesetzlich vorgeschriebene Eigenbeteiligung pro Verordnung. Im Grunde ist die Honorarhöhe erst bei privater Finan-

zierung für den einzelnen interessant. Fragen nach gängigen Honorarsätzen sind bei Bedarf an die Krankenkassen, Interessen- oder Berufsverbände zu richten.

Unter welchen Bedingungen kann ein Termin kostenfrei abgesagt werden? Welche Fristen sind dabei einzuhalten?
Jede stattgefundene Therapieeinheit wird abgerechnet. Fällt eine Therapiestunde aus, entstehen für die therapeutische Einrichtung Kosten, die jedoch nicht abrechenbar sind. Zum Schutz vor größeren, unter Umständen existenzgefährdenden finanziellen Einbußen ist es notwendig, über Bedingungen einer kostenfreien Absage für die PatientInnen/KlientInnen vorab zu reden. Kostenfrei ist eine Absage üblicherweise dann, wenn sie mindestens 24 Stunden vorher erfolgte. Je früher Sie dies tun, um so leichter ist es für die Einrichtung, den Ausfall anderweitig zu belegen. Dies ist für einen reibungslosen Ablauf erforderlich.

Fragen zur therapeutischen Allianz

Eine Methode ist letztlich nur so gut wie die Therapeutin bzw. der Therapeut, der sie anwendet. Diese Aussage ist zweifellos richtig.

Allerdings bestimmen auch Sie als PatientIn/KlientIn die Qualität der gemeinsamen Arbeit mit. Mit dieser Erkenntnis muß die eingangs genannte Prämisse demnach heißen: Die therapeutische Beziehung ist mindestens ebenso wichtig wie der Therapieansatz und die eingesetzten Methoden. Manche Fachleute gehen sogar soweit, in der Arbeitsbeziehung den wesentlichen Einflußfaktor für therapeutische Erfolge zu sehen.

Horchen Sie also auf Ihre Gefühle nach einem ersten Kontakt mit der potentiellen Therapeutin bzw. dem Therapeuten. Schließlich haben Sie im Falle einer Therapieaufnahme eine längere gemeinsame Arbeitszeit vor sich. Eine gute Beziehung ist dafür notwendig. Nehmen Sie daher diesen vierten Themenbereich und damit auch sich und Ihre Gefühle ernst. Überprüfen Sie Ihren Eindruck anhand der nun folgenden Fragen.

Vertrauen Sie Ihrem ersten Eindruck: Haben Sie sich in der Situation mit der Therapeutin angenommen gefühlt, so daß Sie sich vorstellen können, sich zu öffnen und am Stottern zu arbeiten? Haben Sie sich wohlgefühlt?
Schreiben Sie doch einmal spontan Ihre Empfindungen dazu auf oder sprechen Sie Ihren Eindruck offen aus, ohne sich zunächst Gedanken über die möglichen Gründe zu machen.

Die Frage nach dem Wohlgefühl erfordert noch eine Differenzierung. Sie sollten vor allem nach den ersten Sitzungen unterscheiden zwischen unangenehmen Gefühlen, die aus der Arbeit am Stottern resultieren, und solchen, die aufgrund des TherapeutInnenverhaltens entstehen. Wenn Sie sich nämlich nach jahrelangem Vermeidungsverhalten Ihrem Stottern zuwenden und es kennenlernen, können auch schmerzhafte Gefühle auftreten. Ein »Unwohlsein« in diesem Sinne spricht nicht gegen eine Therapeutin bzw. einen Therapeuten oder die Methoden. Wenn Ihr Gegenüber sich jedoch abschätzig äußert, ungeduldig mit Ihnen ist, Sie nicht richtig wahrnimmt etc., kann ein Unbehagen entstehen, das hinderlich für eine Zusammenarbeit ist.

Fühlten Sie sich mit Ihrem Anliegen gut aufgehoben?
Hatten Sie im Gespräch das Gefühl, daß sich der Therapeut bemüht hat, Ihren Standpunkt zu verstehen?
Gehen wir davon aus, daß Sie im Erstgespräch Ihr Problem ausreichend verständlich geschildert haben. Hatten Sie das Gefühl, daß Ihnen die Therapeutin bzw. der Therapeut wohlwollend zuhörte? Konnte er Ihnen vermitteln, daß er Sie versteht?
Vielleicht hatten Sie jedoch bis zum Erstgespräch selbst noch Mühe, genau zu beschreiben, worum es Ihnen geht und aufgrund welcher Schwierigkeiten Sie professionelle Hilfe suchen.

Hat der Therapeut Ihnen durch gezielte Fragen dabei geholfen, die Dinge klarer oder sogar aus einer anderen Perspektive zu sehen? Oder kam Ihnen schon im Gespräch mehrmals der Gedanke, daß der Therapeut bereits eine vorgefertigte Erklärung hat und Ihre Schilderungen deshalb gar nicht wahrnimmt? War er desinteressiert? Vielleicht ist er Ihnen sogar ständig ins Wort gefallen oder hat Ihnen deutlich signalisiert, daß er Ihre Erläuterungen für unsinnig und irrelevant hält? Hatten Sie genügend Zeit, Ihre Gedanken zu entwickeln und Fragen zu stellen? Oder herrschte im Gespräch ein solches Tempo vor, daß Sie sich gedrängt fühlten?

Sie haben das Recht auf eine gute Therapie und sollten jedes Angebot und jeden Anbietenden eingehend prüfen. Sich in einem persönlich problembesetzten Bereich zu öffnen, ist schwer genug, in einer ablehnenden Atmosphäre ist dies jedoch unmöglich.

Was passiert, wenn sich nach einigen Sitzungen herausstellt, daß Sie mit der Therapeutin bzw. dem Therapeuten nicht zurechtkommen?
Nun kann es nach einigen Sitzungen trotz offener Gespräche deutlich werden, daß sich in der Personenkonstellation keine gute Zusammenarbeit entwickeln wird. In der Psychotherapie ist es gängig, zur Probe sogenannte »probatorische Sitzungen« anzubieten, die von den Krankenkassen bezahlt werden. Klären Sie vorab oder spätestens bei den ersten auftretenden Zweifeln, welche Möglichkeiten Ihnen offenstehen. Möglicherweise kann man innerhalb der Praxis wechseln oder man wechselt nach Ablauf einer Verordnung die Fachkraft. Sie können Modalitäten bei Ihrer Krankenkasse erfragen, sollten Ihre Eindrücke aber in jedem Fall in der Therapie selbst besprechen.

Differieren Ihre Annahmen über die Bedingungshintergründe des Stotterns, die Vorstellungen bezüglich der therapeutischen Maßnahmen und des organisatorischen Rahmens beträchtlich? Kam das zur Sprache? Oder spürten Sie gereizte Reaktionen auf Kritik, Zweifel und unterschiedliche Meinungen?
Differenzen, Probleme oder Zweifel sprechen nicht von vornherein gegen Ihre Wahl. Allerdings sollten Sie das Gefühl, besser noch die konkrete Erfahrung haben, dies ansprechen zu können. Ist die Therapeutin bzw. der Therapeut lernfähig und bereit, sich auf Sie einzulassen? Sind Sie bereit, Ideen und Vorschläge anzunehmen? Können sich beide trotz Differenzen auf gemeinsame Teilziele einigen? Sind Absprachen bezüglich des organisatorischen Rahmens möglich oder müssen Sie alles hinnehmen? Sind Sie in der Lage, Eigeninitiative zu entwickeln? Wenn sich bereits zu Beginn klar abzeichnet, daß die Unterschiede zu groß sind bzw. die Gesprächsbereitschaft möglicherweise auf beiden Seiten zu gering ist, spricht dies für eine weitere Informationssuche. Auf diese Weise gewinnen Sie Klarheit, und wer weiß, vielleicht greifen Sie am Ende zielsicher auf das erste Angebot zurück.

Memo

Ein Therapieangebot sollte sorgfältig daraufhin abgeklopft werden, ob es, über die fachliche Qualifikation hinaus, gut für den einzelnen Patienten/Klienten ist. Bei der Entscheidung dieser Fragen kann der hier vorgestellte Kriterien-Leitfaden Anregungen geben.

Zusammengefaßt ergibt sich daraus folgende Checkliste:

 Fragen zu Ihrer eigenen Problematik:
- Was denken Sie über die Ursache Ihres Stotterns? Wodurch wird es heute aufrechterhalten?
- Auf welche Weise glauben Sie, positive Veränderungen der Symptomatik erzielen zu können?

- ◆ Welche Erwartungen an den Erfolg haben Sie? Wie sähe ein gutes Ergebnis in Ihren Augen aus?
- ◆ Sind Sie der Meinung, daß sich Ihre Probleme nur dann lösen lassen, wenn Sie flüssig sprechen? Beschreiben Sie eines Ihrer Probleme ausführlich und überlegen Sie, welche Fähigkeiten neben dem flüssigen Sprechen zur Bewältigung notwendig sind.
- ◆ Wie ist es mit Ihrer Motivation für eine Therapie bestellt?
- ◆ Wie weitreichend beeinflußt Ihr Stottern Ihr jetziges Leben? Sind Sie auf Veränderungen eingestellt?

 Fragen zur fachlichen Behandlung

- ◆ Wie sieht ein typischer Ablauf einer Therapiesitzung konkret aus?
- ◆ Welchen zeitlichen Aufwand müssen Sie außerhalb der Therapiestunden für Ihre selbst durchzuführenden Übungen einkalkulieren?
- ◆ Mit welchen Methoden sollen Veränderungen erzielt werden?
- ◆ Spüren Sie, daß Sie selbst aktiv werden müssen?
- ◆ Wie ist die Therapeutin bzw. der Therapeut gegenüber der Selbsthilfebewegung eingestellt?
- ◆ Werden Bezugspersonen in die Therapie integriert?
- ◆ Wie soll der Transfer und die Generalisierung der therapeutischen Erfolge in den Alltag erreicht werden?
- ◆ Welche Stabilisierungsmaßnahmen sind geplant?
- ◆ Besteht die Möglichkeit, mit ehemaligen PatientInnen/KlientInnen Kontakt aufzunehmen?
- ◆ Ist die Therapeutin bzw. der Therapeut auf den Themenbereich Stottern spezialisiert? Besteht die Bereitschaft, sich einzuarbeiten?
- ◆ Läßt er seine Arbeit supervidieren?
- ◆ Welche Bedingungsfaktoren nimmt die Therapeutin bzw. der Therapeut für das Stottern an? Welche Konsequenzen ergeben sich daraus für die Arbeit?
- ◆ Lassen sich gemeinsame Zielvorstellungen entwickeln?

- Beobachtet die Therapeutin bzw. der Therapeut selber die Wirksamkeit seiner Methoden?
- Vorsicht: Verspricht man Ihnen Heilung innerhalb kürzester Zeit? Nimmt man Ihnen dafür viel Geld ab?

 Fragen zu den Rahmenbedingungen:

- Wie lange dauert eine Therapieeinheit? Wieviele Einheiten pro Woche sind vorgesehen? Was können Sie selbst noch tun?
- Wird die Therapie als Einzel- oder Gruppentherapie durchgeführt? Ist eine Kombination aus beiden anvisiert? Wieviele Personen befinden sich in einer Gruppe?
- Werden die Kosten von der Krankenkasse übernommen? Wie hoch ist das Honorar für eine Therapieeinheit?
- Unter welchen Bedingungen kann ein Termin kostenfrei abgesagt werden?

 Fragen zur therapeutischen Allianz:

- Haben Sie sich im Erstgespräch angenommen gefühlt, so daß Sie sich vorstellen können, sich zu öffnen und am Stottern zu arbeiten?
- Fühlten Sie sich mit Ihrem Anliegen gut aufgehoben? Hatten Sie im Gespräch das Gefühl, daß sich die Therapeutin bzw. der Therapeut bemüht hat, Ihren Standpunkt zu verstehen?
- Was passiert, wenn sich nach einigen Sitzungen herausstellt, daß Sie gemeinsam nicht zurechtkommen? Gibt es Probesitzungen?
- Differieren Ihre Annahmen über die Bedingungshintergründe des Stotterns, die Vorstellungen bezüglich der therapeutischen Maßnahmen und des organisatorischen Rahmens beträchtlich? Durfte dies zur Sprache kommen? Können Sie sich auf das Angebot einlassen, auch wenn Ihnen manches nicht unmittelbar einleuchtet? Sind Sie bereit, umzudenken?

Wie finde ich geeignete StottertherapeutInnen?

Bei der Suche nach Fachleuten für eine Stottertherapie sollte der Weg zunächst über zwei *Interessenverbände* führen, die sich auf Stottern spezialisiert haben: die *Bundesvereinigung Stotterer Selbsthilfe e.V.* und die *Interdisziplinäre Vereinigung für Stottertherapie (IVS) e.V.*

Bundesvereinigung Stotterer-Selbsthilfe e.V.

Die Bundesvereinigung Stotterer-Selbsthilfe e.V. ist der Dachverband aller Selbsthilfegruppen für Stotternde in Deutschland. Gegründet wurde der Verband 1979. Er vertritt die Interessen Betroffener in gesundheits- und sozialpolitischen Belangen, informiert in der Öffentlichkeit über den Themenkreis Stottern, unterstützt die örtlichen Gruppen, berät Stotternde und deren Angehörige, kurz: Er setzt sich für die Verbesserung der Lebenssituation stotternder Menschen ein.

Die Geschäftsstelle der Bundesvereinigung hat ein bundesweites Beratungstelefon eingerichtet. Dort bekommen Sie neben Informationen zum Thema Stottern auch Adressen von StottertherapeutInnen genannt.

Bundesvereinigung Stotterer-Selbsthilfe e.V.
Gereonswall 112
50670 Köln
Telefon: 0221/1391106-08
Fax: 0221/1391370

Interdisziplinäre Vereinigung für Stottertherapie (IVS) e.V.

Die IVS wurde 1989 als gemeinnütziger Verein gegründet und war von Beginn an dem Gedanken der gemeinsamen Zusammenarbeit über die Berufsgrenzen hinweg verpflichtet.

Zweck des Vereins ist die Verbesserung der therapeutischen Versorgung Stotternder. Er setzt sich zusammen aus TherapeutInnen der unten beschriebenen Berufsgruppen.

Die IVS ist über den Weg der fachlichen Weiterqualifizierung von TherapeutInnen für Betroffene aktiv. Die Infobörse, z. B. über Seminarangebote, Literatur, Videoverleih, ist auf das Informationsbedürfnis von Fachleuten abgestimmt.

Ratsuchende erhalten auf Wunsch eine Adressenliste von IVS-TherapeutInnen aus der Region. Wichtig ist, daß die Mitgliedschaft kein Zertifikat darstellt. Aussagen über das jeweilige therapeutische Angebot können daraus nicht von vornherein abgeleitet werden. Allerdings ist bei den Mitgliedern gesichert, daß sie eine sprachtherapeutische oder psychologische Ausbildung haben.

Es besteht eine Kooperation mit der Bundesvereinigung Stotterer-Selbsthilfe e.V., auf deren Dienste je nach Fragestellung weiterverwiesen wird.

Interdisziplinäre Vereinigung für Stottertherapie (IVS) e.V.
Geschäftstelle der IVS
Dr. J.A. Renner
Julius-Reiber Str. 18
64293 Darmstadt

Wer führt Stottertherapien durch?

Atem-, Sprech- und StimmlehrerInnen

Die dreijährige Ausbildung wird an der bundesweit einzigen Berufsfachschule Schlaffhorst-Andersen in Niedersachsen absolviert. Der Schwerpunkt der Ausbildung basiert auf der Lehre der Methode von Clara Schlaffhorst (1866–1945) und Hedwig Andersen (1866–1957). Hierbei geht es um die Wechselwirkungen zwischen Atem-, Stimm-, Sprech- und Bewegungsfunktionen sowie psychischer Befindlichkeit. Ziel ist die

Verbesserung der stimmlichen und sprecherischen Fähigkeiten, letztlich der persönlichen Ausdrucksfähigkeit.

Ein besonderes Anliegen der Ausbildung besteht in der Eigenerfahrung der SchülerInnen. Darüber hinaus haben Praktika einen hohen Stellenwert. Theoretische Grundkenntnisse aus den Bereichen Sprachbehindertenpädagogik, Psychologie, Medizin runden die Lehrinhalte ab. Die SchülerInnen schließen mit einem staatlich anerkannten Abschluß ab. Atem-, Stimm-, und SprechlehrerInnen arbeiten sowohl in therapeutischen Bereichen als auch in der Prophylaxe.

Seminarangebote und ein aktuelles Mitgliederverzeichnis der Atem-, Sprech- und StimmlehrerInnen können beim Berufsverband angefordert werden:

Lehrervereinigung Schlaffhorst-Andersen e.V.
Berufsverband der Atem-, Sprech-
und StimmlehrerInnen
Beim Schilling-Stift 10
22589 Hamburg
Telefon: 040/8703816

Diplom-PädagogIn/SprachheilpädagogIn
Hinter der Berufsbezeichnung SprachheilpädagogIn stehen in der Regel Fachleute mit dem akademischen Abschluß Diplom-Pädagogik (demnächst auch: Diplom-Heilpädagogik) mit dem Schwerpunkt Sprachbehindertenpädagogik. Seltener findet man dahinter den akademischen Grad: Magister der Erziehungswissenschaft. SonderschullehrerInnen (s.u.) im außerschulischen Bereich arbeiten ebenfalls unter der Bezeichnung SprachheilpädagogIn oder SprachtherapeutIn. Achten Sie auf diese Berufsabschlüsse. Sie bieten eine erste Orientierung über die Qualifikation der Fachleute.

Das Studium der Diplom-Pädagogik dauert in der Regel vier bis fünf Jahre. Im Hauptstudium spezialisieren sich die Studierenden auf einem inhaltlichen Gebiet, z.B. Erwachsenenbildung, Medienpädagogik u.v.m. Für SprachheilpädagogInnen lautet das Hauptfach: Sprachbehindertenpädagogik. In dem Fall umfaßt das Studium die Fächer Pädagogik, Psychologie, Soziologie, Sprachbehindertenpädagogik sowie ein weiteres darauf bezogenes Fach, z.B. Heilpädagogische Psychologie oder Patholinguistik. Medizinische Grundlagenkenntnisse werden vermittelt. Neben einer fundierten theoretischen Schulung bereiten praxisorientierte Seminare und Praktika auf die therapeutische Tätigkeit vor.

SprachheilpädagogInnen haben sich in der Deutschen Gesellschaft für Sprachheilpädagogik (dgs) zusammengeschlossen. Die freiberuflichen und angestellten SprachtherapeutInnen haben sich innerhalb dieses Verbandes zum Zwecke ihrer beruflichen Interessenvertretung in einer Arbeitsgruppe organisiert. Ein Mitgliederverzeichnis wird z.Z. erstellt.

Anfragen nach Adressen von StottertherapeutInnen richten Sie bitte schriftlich an die Geschäftsstelle der AGFAS. Legen Sie einen an sich selbst adressierten und frankierten Briefumschlag bei.

Arbeitsgemeinschaft der freiberuflichen und angestellten
Sprachheilpädagogen (AGFAS)
z. Hd. Volker Maihack
Goethestr.16
47441 Moers

Diplom-PsychologIn / PsychotherapeutIn

PsychologIn oder Diplom-PsychologIn darf sich nur nennen, wer diese Hochschulausbildung erfolgreich absolviert hat. Der

Begriff Psychotherapie ist jedoch gesetzlich nicht geschützt. Deshalb sagt er zunächst nichts über die Qualifikation der Anbietenden aus. Diese ist nur aus der Kombination Berufsabschluß und therapeutische Weiterbildung abzuleiten. Psychotherapeutische Schulen stehen Diplom-PsychologInnen (z. T. ausschließlich) und anderen Berufsgruppen aus dem pädagogischen und psychosozialen Bereich offen. Diese Fachleute haben die Grundvoraussetzung zur Durchführung von qualifizierten Psychotherapien. Erkundigen Sie sich in jedem Fall nach dem Berufsabschluß und der weiterführenden Qualifikation.

Bei selbsternannten PsychotherapeutInnen ist Vorsicht geboten.

Allerdings: Psychotherapie ist nicht gleichzusetzen mit Stottertherapie. Auf Stottern spezialisierte PsychologInnen oder PsychotherapeutInnen (s. u.) sind rar. Über die Interdisziplinäre Vereinigung für Stottertherapie sind solche SpezialistInnen am ehesten zu finden.

Wer sich dagegen allgemein für Psychotherapie interessiert und sich eine erste Orientierung über verschiedene Methoden verschaffen möchte, sei exemplarisch auf das Buch von Bärbel Schwertfeger und Klaus Koch verwiesen: *Der Therapieführer. Die wichtigsten Formen und Methoden. Ein Leitfaden.* München: Heyne Verlag, 1993. Dort finden Sie weitere Adressen.

LogopädInnen

Der Beruf der LogopädInnen gehört zu den nichtärztlichen Heilberufen. Die Ausbildung dauert drei Jahre und wird an staatlich anerkannten Lehranstalten in staatlicher oder privater Trägerschaft durchgeführt.

Ausbildungsinhalte aus dem medizinisch-sprachpathologischen und dem sozial- und sprachwissenschaftlichen Bereich sind auf die klinisch-therapeutische Tätigkeit zugeschnitten. Die praktische Ausbildung in Form von Hospitationen, Praktika, Sprachtherapie unter Supervision und Eigenerfahrung bildet vom Stundenumfang her den Schwerpunkt.

Die Berufsbezeichnung »Logopäde« oder »Logopädin« ist gesetzlich geschützt. LogopädInnen arbeiten wie SprachheilpädagogInnen im Angestelltenverhältnis oder in freier Praxis.

Lehranstalten für Logopädie bieten Beratung und Therapie im Rahmen der LogopädInnenausbildung an. Der Berufsverband der LogopädInnen (DBL) hat sich zu Beratungsmodalitäten nicht geäußert. Im Branchenbuch sind Logopädische Praxen aufgeführt.

SprachheillehrerInnen

SprachheillehrerInnen haben eine lange Tradition unter den sprachtherapeutisch Tätigen. Die Studiendauer beträgt zwischen vier und fünf Jahren. Das Studium setzt sich in der Regel aus drei Bereichen zusammen: Fachwissenschaft (Unterrichtsfach), Erziehungswissenschaft, Sonderpädagogik (Schwerpunkt: Sprachbehindertenpädagogik). Schulpraktische Studien geben bereits während der ersten Ausbildungsphase einen Eindruck in das zukünftige Praxisfeld. Das Referendariat bildet den zweiten Ausbildungsabschnitt, der nach eineinhalb bis zwei Jahren abgeschlossen ist.

Fachverband ist die Deutsche Gesellschaft für Sprachheilpädagogik (dgs). Der Bundesvorsitzende der dgs vermittelt Adressen der Landesvorsitzenden. Diese werden bei Bedarf beratend tätig.

Deutsche Gesellschaft für Sprachheilpädagogik (dgs)
Goldammerstr. 34
12351 Berlin

Memo

 Stottertherapie wird von verschiedenen Berufsgruppen angeboten. Dazu zählen: Atem-, Sprech- und StimmlehrerInnen, Diplom-PädagogInnen/SprachheilpädagogInnen, Diplom-PsychologInnen/PsychotherapeutInnen, LogopädInnen, SonderschullehrerInnen mit dem Schwerpunkt Sprachbehindertenpädagogik.

 Die Ausbildungen gelten als Grundqualifikation, eine Spezialisierung auf Stottertherapie durch Fort- und Weiterbildung sowie Supervision ist sinnvoll.

 Adressen von Stotter-TherapeutInnen finden Sie am ehesten über den Interessenverband der Betroffenen, die Bundesvereinigung Stotterer-Selbsthilfe e.V. Ein Mitgliederverzeichnis von TherapeutInnen der Interdisziplinären Vereinigung für Stottertherapie (ivs) kann ebenfalls bei der Suche unterstützen.

 Sollten Sie über diese beiden Interessenverbände zum Themenkreis Stottern wider Erwarten keine Adressen, Informationen oder eine Kurzberatung erhalten, können Sie sich an die verschiedenen Berufsverbände wenden.

 Adressenlisten sind nicht mit einer Empfehlung gleichzusetzen, die ohnehin nicht allgemeingültig sein kann. Die Mitgliedschaft in einem der Interessen- oder Berufsverbände stellt kein Zertifikat dar.

 Vor Aufnahme einer Therapie ist ein persönliches Beratungsgespräch mit der Fachperson notwendig. Machen Sie sich selbst ein Bild über die Qualifikation. Eine Checkliste kann hilfreich sein.

Wer bezahlt eine Stottertherapie?

Wenn Sie sich zu einer Stottertherapie entschlossen und die richtige Methode, Therapieform und TherapeutIn gefunden haben, stellt sich als nächstes die Frage: Wer kommt für die Kostenübernahme einer Stottertherapie in Betracht?

Prinzipiell besteht natürlich die Möglichkeit, daß Stotternde privat für die Therapiekosten aufkommen. Dies ist gründlich zu überlegen, denn in der Regel kommt einiges an Kosten zusammen. Ein gewisser Eigenanteil ist im Erwachsenenalter ohnehin durch das Gesundheitsgesetz geregelt. Sollte die Kostenübernahme durch einen Leistungsträger abgelehnt werden, können Sie dagegen Widerspruch einlegen. Kosten, die niemand ersetzt, sind steuerlich absetzbar.

Krankenkassen

Damit Ihre Krankenkasse die Kosten übernimmt, benötigen Sie eine Verordnung durch einen Arzt bzw. eine Ärztin. Erkundigen Sie sich bei der sprachtherapeutischen Einrichtung, die Sie aufsuchen, welche Schritte Sie weiterhin veranlassen müssen. Holen Sie auch Informationen über die Regelungen Ihrer Krankenkasse ein. Diese ist zur Auskunft verpflichtet.

Rentenversicherung

In manchen Fällen ist der Rentenversicherungsträger für die Übernahme der Kosten zuständig. Entschieden wird im Einzelfall. Ein Kriterium ist die Verbesserung der Erwerbsfähigkeit durch die Rehabilitationsmaßnahme. Dies kommt insbesondere bei stationären Maßnahmen zum Tragen. Sollte die Krankenkasse die Kostenübernahme ablehnen, ist daher eine Weiterleitung an den Rentenversicherungsträger sinnvoll.

Sozialhilfe

Der Sozialhilfeträger ist in verschiedenen Fällen als Leistungsträger denkbar. Auskünfte erteilt das Sozialamt.

Bei Unklarheiten über die Zuständigkeit von Leistungsträgern sichert der Sozialhilfeträger notwendige Therapien und tritt in Vorleistung, bis eine Entscheidung vorliegt.

In größeren Einrichtungen ist häufig die gesamte therapeutische und psycho-soziale Versorgung durch mehrere Leistungsträger abgedeckt. Manchmal ist ein Eigenanteil erforderlich, der, je nach Einkommen, vom Sozialhilfeträger übernommen wird. Die therapeutische Einrichtung berät Sie über diese Möglichkeiten.

Der Sozialhilfeträger springt darüber hinaus unter bestimmten Bedingungen ein, wenn weder Krankenkasse noch Rentenversicherungsträger zuständig für die Kostenübernahme sind.

Memo

 In den meisten Fällen ist die Krankenkasse für die Kostenübernahme zuständig. Die therapeutische oder, in einigen größeren Einrichtungen, eine sozialpädagogische Fachkraft klärt Sie ebenfalls über die notwendigen formalen Maßnahmen auf. Auskünfte über die Leistungen Ihrer Krankenkasse erteilt die zuständige Sachbearbeitung Ihrer Kasse.

 Besonders bei stationären Therapien kommt der Rentenversicherungsträger in Betracht.

Sozialhilfe kann in einigen Fällen die Leistung komplett oder in Anteilen, vorübergehend oder für die gesamte Dauer der notwendigen therapeutischen Maßnahme übernehmen.

 Gegen Ablehnungen von Kostenübernahmen kann Widerspruch eingelegt werden.

 Behandlungskosten sind steuerlich absetzbar.

Abschließend möchte ich noch betonen: Wenn Sie sich durch die hier vorgeschlagenen Anregungen überfordert fühlen oder Ihnen nach dem Lesen dieses Kapitels die Fragen verwirrend im Kopf herumschwirren, nehmen Sie die Möglichkeit der telefonischen Beratung der Bundesvereinigung Stotterer-Selbsthilfe e.V. wahr.

Für die mutigeren KritikerInnen unter Ihnen: Bitte bedenken Sie, daß Fachleute auch nur Menschen sind. Ein wesentliches Merkmal von Menschen ist, daß sie neben Stärken auch Schwächen besitzen und Fehler machen können. Die hier gegebenen Anregungen beschreiben das ideale Therapieangebot. In der Realität werden Annäherungen daran die Regel sein. Auch Fachleute verdienen ein wohlwollendes Interesse. Bitte verwenden Sie den Kriterien-Leitfaden in diesem Sinne.

Probleme und Möglichkeiten der Bewältigung – Betroffene erzählen

Für Menschen, die nicht stottern, ist es meist nicht nachvollziehbar, wie weitreichend Stottern das Leben des einzelnen beeinflussen kann. Und Stotternden fällt es manchmal schwer, sich vorzustellen, daß sie mit dem Problem nicht allein dastehen und daß es Chancen zur Veränderung gibt – auch wenn sie sie aktuell vielleicht noch nicht sehen.

Ich habe mich mit Personen unterhalten, denen Stottern gut vertraut ist. Wir haben u. a. darüber gesprochen, wie sich Stottern im Alltag konkret auswirkt und welche Bewältigungsstrategien möglich sind. Sie schildern ihre Erlebnisse und erzählen von gelungenen und fehlgeschlagenen Formen der Bewältigung. Ihnen allen sei an dieser Stelle herzlich gedankt für ihre Mitarbeit.

Klassische Vermeidungsstrategien

Frank (26 Jahre, Diplom-Ingenieur) berichtet:

> *»Vor der Therapie war ich ein typischer Vermeider. Ich habe an sich hörbar nicht gestottert, aber mein Leben danach ausgerichtet, was ich vermeiden kann. Im Studium kann ich mich an eine Situation erinnern, da befand ich mich in der Diplomarbeit und wußte schon morgens nach*

dem Aufstehen, daß ich heute ein Gespräch mit meinem Diplom-Ingenieur hatte, der meine Diplomarbeit betreute. Und daß ich da in der Diskussion das Wort »Wasser« aussprechen müßte, das war eins meiner Horrorwörter. Ich hatte also schon morgens keine Lust aufzustehen, hab' die ganze Zeit überlegt, wie könnte ich das umformulieren. Ich hab' mich die ganze Zeit auf die Situation konzentriert, und da war mir auch schon unwohl.«

Frank fühlte sich immer angegriffen und war sehr empfindlich, wenn es um Reaktionen auf sein Sprechen ging. In Erwartung des Stotterns hatte ihm stets »das Herz bis zum Halse geschlagen«. Damals war sein erklärtes Ziel, nicht zu stottern. Das konnte er zu dem Zeitpunkt nur über Vermeiden erreichen. »Die Kehrseite der Medaille«, wie Frank es nennt, war ein geringes Selbstwertgefühl, da ihm immer selbst klar war, was er durch sein Vermeiden alles nicht erreichte.

Eine weitere Auswirkung seiner ständigen Vermeidungstaktik, die er im nachhinein feststellte, war eine große Müdigkeit. Er führt dies auf folgenden Umstand zurück:

»Sprechen ist ja eigentlich ein automatischer Prozeß. Das, worüber wir uns Gedanken machen, ist: Was sage ich jetzt, und nicht: Kann ich das jetzt aussprechen. Ich mußte mich halt als Vermeider noch zusätzlich darum kümmern, mir darüber Gedanken machen, so daß ich aufgrund dessen immer müde war.«

Heute habe sich sein Ziel geändert: Angst vor dem Stottern verlieren und ein »akzeptables« Stottern zulassen. Doch das müsse man in der Therapie erst lernen, das sei sehr schwer.

Mit Hilfe einer Therapie hat er größere Flüssigkeit beim Sprechen und vor allem die Fähigkeit zur unbeschwerten Kommunikation erreicht. Heute sagt er:

»Wenn ich das mit dem Vermeiden nicht gemacht hätte, hätte sich mein Leben ganz anders entwickelt. Zum Beispiel sag' ich auch heute, daß ich meine Berufswahl entsprechend gewählt habe. Ich bin nach der zwölften Klasse Gymnasium abgegangen, weil ich Angst hatte vor dem mündlichen Abitur. Damals hab' ich gesagt, ich hätte keine Lust.«

Bei der weiteren Überlegung, welcher Beruf für ihn in Frage käme, war neben seiner Vorliebe für Technik die Erwartung ausschlaggebend, daß man in diesem Bereich wenig mit Menschen zu tun hat und nicht viel telefonieren muß. Nach seiner Lehre hat er sich weiterqualifiziert zum Ingenieur, doch heute befriedigt ihn das nicht mehr. Er bedauert, nicht eher seine Problematik verstanden zu haben. Seiner Einschätzung nach habe weniger das Stottern selbst, als vielmehr sein Umgang damit seine Lebenspläne beeinflußt.

Auch bei Christian L. (24 Jahre, Mathematik-Student) führte das Stottern dazu, daß er sich sprachlich eher zurückhielt und dadurch manche Situationen nicht wahrnahm. Stottern begleitete seine Gedanken fortwährend.

»Eigentlich immer dann, wenn ich irgendwas sagen will. Nicht immer – wenn ich z.B. mit Freunden rede, dann nicht. Aber wenn ich z.B. in der Cafeteria ein Brötchen bestellen will, dann denke ich schon vorher dran. Vorher, wenn diese Anspannung da ist, wenn ich in der Schlange stehe, dann denk' ich dran. Oder natürlich, wenn ich in der Vorlesung oder im Seminar was sagen will – wenn ich's dann überhaupt tue – dann denk' ich dran.«

In der konkreten Situation stellte sich bei Christian ein beklemmendes Gefühl ein. Er spürte einen Druck im Magen und Angst. Er brach dann auch schon mal ein Gespräch ab oder vermied es von vornherein, wenn der Angstpegel zu groß wurde. Einmal stand er vor der Tür des Professors und ist wieder umgekehrt. Wenn er stotterte, dann fragte er sich währenddessen oft: *»Was denken die jetzt von mir?«* Manchmal ärgerte er sich auch darüber, daß er stotterte.

Heute geht er mit Sprechsituationen anders um:

> *»Ich bereite mich positiv darauf vor, z. B. sage ich mir: ›Ich werd' jetzt ganz ruhig bleiben. Es ist alles ganz o.k.‹ Und dann rufe ich einfach an und denke nicht weiter drüber nach, wie ich was sage. Das ist das positive Nachdenken.«*

Diese positive Form des Denkens hat er im Laufe der Zeit entwickeln gelernt. Mit diesem Schritt hat er sich eine Möglichkeit erarbeitet, auf sein Stottern Einfluß zu nehmen.

Die Schwierigkeiten im Alltag

Die ganz alltäglichen Dinge sind es, Situationen, über die man nicht weiter nachdenkt, die Betroffenen oft schwerfallen. Hierbei spüren sie den Erwartungsdruck, Sprechen dürfe keine Probleme bereiten, besonders stark. Frank fragte sich vorher immer:

> *»Kriegste das jetzt nicht raus oder kriegste es doch raus, oder wie kannst du es umgehen, mit welcher Strategie. Dahin gingen meine Gedanken. Gefühle, das ging mehr so in die Richtung Minderwertigkeit. Z.B. bin ich jetzt beim Bäcker. Ich möchte was Bestimmtes kaufen, ein Roggenbrot. Und bei Roggenbrot wußte ich, das krieg ich nicht raus, und da hab' ich dann ein Weizenbrot gekauft. Und dann hab' ich mir im nachhinein gesagt: Jetzt bin ich schon 22 Jahre alt und nicht in der Lage, ein Roggenbrot*

zu kaufen. Das waren früher so die Gedanken, die mit dem Vermeiden zusammenhingen.«

Bernd (24 Jahre, Garten- und Landschaftsbauer) kommt ebenfalls eine Einkaufssituation in den Sinn, die ihm heute jedoch keine Schwierigkeiten mehr bereitet:

»So vor acht oder zehn Jahren mußte ich jeden Morgen zum Bäcker einkaufen gehen. Das war jedesmal eine Qual, weil mir bestimmte Wörter, so wie »zwei« oder »acht«, Schwierigkeiten machten. Wenn dann mehrere Leute in dem Laden standen, dann war das doch zum Teil ganz schön unangenehm, ziemlich peinlich war das. Wenn man dann hängenblieb und die warteten. Obwohl eigentlich kaum Kommentare kamen. Das fiel mir eigentlich immer viel schlimmer auf als anderen. Da war ich immer froh, wenn ich aus dem Laden raus war.«

Stottern hat schon manch einen daran gehindert, Kontakt zu anderen Menschen aufzunehmen. So war es früher für Frank.

»Ich habe in der Diskothek ein Mädel kennengelernt, und die sollte ich dann anrufen. Wir hatten das so vereinbart. Das Mädchen hieß Anne. Und ich saß dann vor dem Telefon und wußte: ›Anne‹ krieg ich nicht raus. Das hätte ich auch nicht rausgekriegt, ja, und ich hab' sie dann nicht angerufen. Im nachhinein denke ich, da hab' ich eine Chance verpaßt.«

Für Siegfried (25 Jahre, Student) ist das Stottern heute noch ein Hindernis. Er ziehe sich aus allem, was mit Sprache zu tun habe, eher zurück. Früher sei es durch die automatischen Kontakte im Elternhaus und in der Schule einfacher gewesen. Allerdings sind es nicht allein die Symptome, die ihm heute den Kontakt zu anderen erschweren.

»Es ist nicht nur die Redeunflüssigkeit, damit könnte ich leben. Sondern sich selber darzustellen, ist schwer. Man sagt Dinge nicht, die man sagen will. Das würde ich als Stottern bezeichnen. Ich würde das Stottern noch auf viel mehr beziehen als auf die Sprechunflüssigkeit.«

Das Stottern sei bei ihm lediglich ein Teil des Ganzen. In Situationen, in denen er sich sicherer fühle, stottere er weniger.

»Wenn mal eine sehr wichtige Situation schiefgeht, dann ärgere ich mich sehr, dann beschimpfe ich mich.« Er verspürt dann *»Ärger und Trauer. Dann sitz' ich da und denk': Schade!«*

Dieses Problem motivierte ihn, eine Therapie aufzunehmen. Er entschied sich zunächst für eine Sprachtherapie, stellte jedoch recht bald fest, daß sein Stottern mehr in den psychologischen Problembereich hineinreichte. Konsequent wechselte er daraufhin in eine Psychotherapie.

Chang Wan (25 Jahre, Student) hatte mit der Kontaktaufnahme dagegen keine großen Probleme. Im Gegenteil, er hatte als Jugendlicher Erfolg mit Mädchen in der Tanzstunde. Das hat sein Selbstbewußtsein gestärkt und zu dem positiven Einstellungswandel gegenüber dem Stottern beigetragen.

»Ich war im Grunde sehr kontaktfreudig, trotz des Stotterns, und ich habe auch sehr viel gemacht und sehr viele Mädels angesprochen und stundenlang gequatscht, aber dabei nie gestottert, so in meiner Freizeit. Bekam ich mal Schwierigkeiten, hab' ich das immer sofort überspielt, das hat niemand gemerkt.«

Die soziale Bestätigung habe ihn aufgebaut, was sich auf seine Lebenszufriedenheit auswirkte und den Umgang mit dem Stottern erleichterte. Seine negativen Gefühle in bezug auf sein Stottern begrenzten sich dadurch immerhin auf die jeweilige Situation. Davor sei er beispielsweise noch in den Pausen sehr niedergeschlagen gewesen, wenn er im Unterricht gestottert hat.

Das Telefon – das Schreckgespenst

Das Telefon nimmt unter den schwierigen Situationen im Alltag den Spitzenrang ein. Für Nichtstotternde oft unverständlich, da es ihnen zunächst leichter zu sein scheint als ein persönliches Gespräch. Doch Telefonate bergen spezifische Schwierigkeiten, wie aus den Erfahrungen meiner Gesprächspartner deutlich wird. Allerdings sind auch diese Hürden zu bewältigen.

Dies ist zum Beispiel bei Frank der Fall. Er hat heute beim Telefonieren keinerlei Probleme mehr. In seiner Weiterbildung ist ein Bereich Telefonmarketing, das er sich ohne weiteres zutraut.

> »Früher war das ganz anders. Wenn ich jemanden anrufen wollte, da hab' ich erst einmal überlegt: Wie heißt der andere? Kann ich den Namen aussprechen oder nicht. Wenn ich den Namen nicht aussprechen konnte, habe ich den anderen entweder nicht angerufen oder so getan, als wüßte ich den Namen nicht. In meinem Bekanntenkreis habe ich zwei Brüder. Der eine heißt Michael der andere heißt Frank. Wenn ich jetzt den Michael sprechen wollte und hatte den Frank am Apparat, dann habe ich nicht gefragt ›Ist der Michael jetzt da?‹, sondern: ›Ist Dein Bruder da?‹ So mußte ich nicht Michael sagen!«

Siegfried allerdings hatte vor einiger Zeit ein Erlebnis am Telefon, das ihm lange Zeit zu schaffen machte.

»Ich konnte plötzlich meinen Namen am Telefon nicht aussprechen. Das war die ganze Zeit nicht, und seit 1–2 Monaten kann ich das auch wieder, zwar noch nicht so ganz perfekt, aber es geht wieder. Aber damals rief mich ein Freund an, und ich war grad außer Atem und hab' am Telefon meinen Namen gestottert. Er meinte, ja ich weiß schon, wer dran ist, brauchste nicht weiter zu sagen. Das zweite und dritte Mal hab ich dann auch gestottert, und das war mir peinlich, oder auch nicht – ich weiß es nicht. Zwei oder drei Wochen später konnte ich meinen Namen dann gar nicht mehr aussprechen. Das war keine gemeine Absicht von ihm, sondern im Gegenteil, er wollte nur helfen, aber von da an wurde es immer schlechter und schlechter.«

Siegfried kennt solche Ängste beim Telefonieren bereits von früher. Welche Gedanken sind ihm damals durch den Kopf gegangen?

»Ärger. Ich wollte es und ich konnte es nicht. Da war immer der Gedanke: Schaff' ich es oder nicht. Jetzt melde ich mich immer mit ›Ja, hallo‹.«

Chang-Wan weiß ebenfalls von Schwierigkeiten zu berichten.

»Schwierig ist es in dem Moment, in dem ich mich melden muß, weil ich dann meistens einen totalen Block habe, und dann krieg' ich's einfach nicht raus. Dann fragt der andere natürlich: ›Ja, wer ist denn da?‹ Es ist auch schon vorgekommen, daß der andere aufgelegt hat, weil da einfach nichts kam.«

Wenn er einmal im Sprechfluß sei, sei es nicht mehr so problematisch. Auch für Chang-Wan ist das Ausmaß der Schwierigkeiten davon abhängig, ob er selbst anruft oder ob er angerufen wird. Weniger problematisch sei es, wenn er angerufen wird,

»weil der andere dann meist weiß, daß an der anderen Leitung jemand dran ist und meistens auch, wer dran ist. Die wissen zwar nicht unbedingt, daß ich stottere, ja, aber auf jeden Fall tragen die mir dann vor, was sie wollen. Während ich dann, wenn ich anrufe, erstmal klarmachen muß, daß da jemand dran ist, daß ich das bin und daß ich was will.«

Was machte es ihm so schwer, mit anderen Personen zu telefonieren?

»Ja, schwierig ist natürlich am Telefon, daß es da nur auf die Sprache ankommt. Wenn der andere mich sieht, dann sieht er, wenn ich mal einen Block habe. Beim Telefon, da hört er einfach nichts, und da ist halt die Gefahr, daß er einfach auflegt.«

Was klappt gut, was hat sich als ungünstig erwiesen?

Akzeptanz des Stotterns

Akzeptanz des Stotterns ist für Reiner (51 Jahre, Steuerberater) keine Resignation, sondern eine Voraussetzung für die Veränderung des Stotterns. Was denkt er, wenn er hört: »Stottern ist etwas, was man akzeptieren muß«?

»Ich kann diesen Satz unterstreichen, d. h. nicht, daß man sich mit seinem gegenwärtigen Stand des Stotterns abfindet. Daß man arbeitet, aber daß man erst ein Stück weit hinnimmt, wie man ist und damit auch, daß man stottert. Dadurch hat man durch seine eigenen Erfahrungen auch gemerkt, daß man schon lockerer wird, und dann geht's einfach aus dem Grunde schon besser. Es hat keinen Sinn, sich irgend etwas vorzumachen.«

Die Entwicklung dieser Einstellung hat viele Jahre gedauert. Mit zwanzig oder fünfundzwanzig Jahren hätte er sich das nicht vorstellen können. Den Gedanken, mit fünfzig noch zu stottern, fand er damals »total ätzend«. Doch die Zeit heile, man werde klüger und man komme allmählich dahin, Stottern anzunehmen.

Positiv betrachtet könne man in der Auseinandersetzung mit dem Stottern auch eine Chance sehen. Dadurch bekäme man Zugang zu weiteren Bereichen der Persönlichkeit. Wenn auch das Stottern dafür keine Voraussetzung darstellt, noch es sich jemand aus dem Grunde wünschte, aber dennoch – die Auseinandersetzung bietet eine Chance.

Auch Uwe (37 Jahre, Sachbearbeiter) steht öffentlich zu seinem Stottern.

>*In bestimmten Sprechsituationen, wenn ich Gespräche führen muß mit Leuten, mit denen ich noch nie geredet hab', oder Gespräche, die wichtig sind, da sage ich vorher: Ich bin Stotterer! Damit entspannt man richtig die Situation.*«

Direkter stottern – Abbau der »Tricks«

Zum heutigen Zeitpunkt sagt Uwe alles, was er sagen will, unabhängig von der Tatsache, daß er stottert. Doch das war nicht immer so. Früher hat er häufiger Wörter ausgetauscht, um Stottern zu vermeiden.

>*Das hört man ja manchmal auch heraus, wenn Stotterer reden und sie nehmen andere Wörter, da meint ja manchmal, da stimmt doch was nicht. Ich hatte eine Zeitlang Probleme – nicht mit dem Stottern. Ich hatte mehr Angst, einen Satz nicht richtig zu formulieren. Daß die Leute nachher denken: Oh, wie spricht der denn.*«

Bis zum heutigen souveränen Umgang mit dem Stottern war es ein langer Weg mit einigem »hin und her«. Unterstützung hat er dabei in der Selbsthilfegruppe erfahren.

Chang greift mehr unbewußt als geplant zu einer seiner Starthilfen, Füllwörter wie ja, also, halt etc. Als nächstes versucht er ruhig zu bleiben und sich aus dem Block herauszuziehen:

> *So halt die Silben ein bißchen lang zu ziehen und in einen weichen Einsatz zu kommen. Ja, und wenn das dann nicht klappt, dann kommt's schon mal vor, daß ich anfange zu stampfen, die Augen zumache, den Kopf nach vorne, den Oberkörper nach vorne werfe – halt den schweren Block.«*

Chang erarbeitet sich z.Zt. mit therapeutischer Unterstützung verläßlichere Techniken, um sich aus den Blockaden zu lösen.

Häufiger sprechen

Nicht nur Uwe hatte früher sehr wenig sprachlichen Kontakt, wodurch ihm Gelegenheit zur Kommunikation, Übung und Erfahrung fehlte. Er habe lediglich das gesagt, was er sagen mußte. Selten habe er selbst Sprechsituationen aufgesucht. Das hat sich mittlerweile geändert. Seine Sprechsicherheit ist dadurch gestiegen.

Auch Chang-Wan machte diese Erfahrung während seines Zivildienstes: Je häufiger er Sprechsituationen wahrnahm, um so mehr schrumpfte seine Sprechangst.

> *»Ich war Übungsleiter im sozialen Altensport, mußte jeden Tag mit einer Gruppe von Senioren Sport machen oder auch andere Sachen. Wir hatten auch eine Cafeteria, da mußte ich öfter kellnern und hatte Sprechanforderungen, aber doch in einer lockeren Umgebung, also wo nicht viel*

von abhing für mich. Ja, und dann bin ich auch mehr in Situationen reingegangen, habe auch Telefonate geführt, und dadurch ist diese Sprechangst gesunken.«

Ruhig auf Sprechsituationen zugehen

Chang-Wan empfindet es als Hilfe, sich vor schwierigen Situationen positiv einzustimmen:

»Ja, das hab' ich mir selber zusammengebastelt. Es geht im Grunde auch nur darum, daß ich mir ein Selbstsicherheitsgefühl, sagen wir mal, ›aneigne‹. Und zwar stelle ich mir dann einfach die Situation vor, in der ich sein werde, und stell mir eben dieses Selbstsicherheitsgefühl dabei vor. Ich bemühe mich, mich wirklich selbstsicher zu fühlen dabei, richtig das Gefühl hervorzuheben, daß ich mich dabei wirklich gut fühle. Ja, und das klappt dann ab und zu.«

Siegfried hat die Grenzen dieser Herangehensweise am eigenen Leib gespürt. Eine Zeitlang habe er sich mit autogenem Training auf Sprechsituationen vorbereitet und sich gesagt: »Ich kann sprechen.« Letztlich sei das jedoch unpraktikabel, da er manchmal einen halben Tag gebraucht habe, bis er sich für einige Stunden ausreichend »hochgeputscht« habe. Er ist noch dabei, für sich passende Maßnahmen zu entwickeln. Ideen dazu habe er bereits, allerdings finde er niemanden, der ihn dabei unterstütze. Er möchte versuchen, mit Hilfe von Konzentration und Entspannung nicht mehr zu stottern.

Uwe dagegen setzt auf Spontaneität und macht sich vorher keine Gedanken:

»Wenn ich spontan bin, sind da auch weniger Angst und weniger Symptome. Wenn man sich nämlich zu lange vorbereitet, wird zu viel gesponnen. Ich versuche, mich nicht

unter Druck zu setzen. Ich weiß genau: Wenn ich mir vorher viel Gedanken mache, bekomme ich wahrscheinlich sehr starke Symptome. In den letzten Jahren hab ich einfach drauflos gesprochen. Obwohl, manchmal habe ich doch schon gedacht, oh, das war jetzt falsch, in so einem harten Block zu bleiben. Lieber hätte ich aufhören und langsam einsetzen sollen. Als Stotterer braucht man viel mehr Energie – doch, es ist anstrengend.«

Was hat der Weg in die Stotterer-Selbsthilfe dem einzelnen gebracht?

Uwe hörte zum ersten Mal während eines stationären Therapieaufenthalts von der Selbsthilfe. Dort hat er den »Kieselstein«, das Mitteilungsblatt der Selbsthilfegruppe, entdeckt. Im Anschluß an seine Therapie nahm er sofort den Kontakt auf. Was hat ihm die Arbeit in der Selbsthilfegruppe gebracht?

»Selbstvertrauen. Durch die Erfahrungen von anderen. Am Anfang der 80er Jahre gab es eine Gruppe, die hat eine Sprechtechnik eingeübt, dies Legato. Am Wochenende hatten wir eine Jugendherberge gemietet und intensiv trainiert. Und dann hatten wir so eine Art Umwelttraining gemacht, so daß Leute in die Stadt gingen und was eingekauft haben. Und zum Teil auch durch diese Techniken, hab' ich richtig Selbstvertrauen gewonnen, da hab' ich gemerkt: Wenn man will, kann man fließend reden. Leider bin ich vor zehn oder zwölf Jahren wieder da rausgekommen. Man verlernt es und ich habe gemerkt, man braucht irgendwie eine Unterstützung, ein kleiner Druck, daß man so eine Technik immer anwendet und übt.«

Reiner gehört zu den Selbsthelfern der ersten Stunde. Er hat noch die Aufbruchstimmung Mitte der 70er Jahre mitbekommen, in der es nichts gab – keine Bücher, keine Ratgeber. Es sei eine schöne Phase gewesen, sagt er. Aus dem Radio habe er von einem Selbsthilfetreffen erfahren.

>*Dann bin ich eben in die Gruppe gegangen und habe mich da sehr wohlgefühlt. Dort fiel sehr viel von mir ab, und ich merkte damals, daß ich auch mit anderen reden kann. Ich konnte bis dahin an sich nur mit meiner Mutter reden. Ja, das hat mir sehr großen Auftrieb gegeben und ich machte sehr schnell Fortschritte. Allerdings war ich dann in der Gruppe relativ flüssig, konnte mich gut artikulieren, in anderen Situationen war das aber nicht. Das hing einfach damit zusammen, daß ich da Leute traf, die dasselbe Problem hatten und dadurch auch relativ locker mit dem eigenen Problem umgehen konnten. Plötzlich war man dann halt flüssig. Das war eine sehr wichtige Erfahrung.*«

Auch wenn Reiner der Transfer des flüssigen Sprechens in andere Alltagssituationen nicht so gelang, wie er es sich gewünscht hätte: Die Selbsthilfegruppe hat ihm jahrelang die notwendige Unterstützung gegeben, sich mit seinem Stottern auseinanderzusetzen und auf sprechmotorischer Ebene sinnvolle Strategien für den Umgang mit seinen Redeflußstörungen zu finden.

Auch für Christian war die Solidarität in der Gruppe eine wichtige Unterstützung:

>*Wenn ich dort spreche, dann verstehen mich alle. Die verstehen, daß du stotterst. Die warten dann, wenn du stotterst, bis du ausgesprochen hast. Das hatte ich von der Selbsthilfegruppe: ein Erprobungsfeld!*«

Therapien – Erfahrungen und Wünsche

Uwe hat wie viele andere bereits mehr als eine Therapie hinter sich. Dabei hat er gute und schlechte Erfahrungen gemacht. Selbsthilfe und Therapie schließen sich für ihn genausowenig aus wie Akzeptanz und die Veränderung des Stotterns. Zur Zeit befindet er sich wieder in einer Therapie.

»*Obwohl ich das Stottern akzeptiert habe, will ich trotzdem lernen, fließender zu werden. Man kann es akzeptieren, und man kann trotzdem was dran machen. Ich habe bemerkt, wenn man das Stottern akzeptiert, kommen trotzdem immer noch Symptome, aber viel weniger.*«

Reiner ist seinen Weg ohne therapeutische Unterstützung gegangen. Er hat sich durch aktive und regelmäßige Teilnahme an den Gruppenabenden der Stotterer-Selbsthilfe sowie durch Wochenendseminare mit Fachleuten und Selbsthelfern zum Experten in eigener Sache gemacht. Wichtig waren für ihn auch Bücher, in denen er Unterstützung fand.

Frank hat im jungen Erwachsenenalter eine Sprachtherapie nach dem Nicht-Vermeidungs-Ansatz gemacht. Er ist eher zufällig über seine Schwester an die Adresse gekommen, da eines ihrer Kinder dort gefördert wurde. Vor der Behandlung hatte er keine konkreten Vorstellungen, wie die Therapie aussehen sollte. Doch die Lösungsidee war ihm klar:

»*Das einzige, was ich wußte und was ich mir gesagt hab', war: Wenn ich nicht dran denken müßte, daß ich irgendwo hängenbleiben könnte, dann hätte ich auch die Probleme nicht. Mir war klar, daß ich mir die Probleme selber machte, indem ich mir die Situationen als schwierig vorstellte und dementsprechend auch hängenblieb. Es war mir klar, daß ich dieses Denken abstellen mußte. Wie und womit, wußte ich nicht. Es war mir nur klar, daß das die Lösung wäre.«*

Mit therapeutischer Unterstützung konnte er sowohl seine Einstellung zum Stottern als auch seine Symptomatik verändern. Als Fazit kann er sagen: *»Das war so, wie ich es haben wollte.«*

Was Experten in eigener Sache raten

Chang-Wan: *»Was mir sehr geholfen hat, war die Beschäftigung mit dem Stottern. Ja, und daß ich diese Literatur der Bundesvereinigung gelesen habe. Das war für mich eine entscheidende Wende. Die Selbsthilfe kann man wirklich nur empfehlen.«*

Uwe: *»Ich kann nur sagen: Man soll das Stottern nicht zu ernst nehmen. Man soll es akzeptieren, aber auch etwas dran machen, an den Symptomen. Es soll nicht der Mittelpunkt sein, es gibt andere Sachen, über die man sich eigentlich mehr Gedanken machen könnte.«*

Siegfried kann allgemein sagen: *»Wenn, dann tu was. Und wenn du was tust, dann tu es aus Überzeugung und nicht, weil es dir jemand gesagt hat.«*

Christian legt allen ans Herz, sich nicht entmutigen zu lassen und eigene Ziele zu verfolgen. Stottern ist kein Makel. Wenn Stottern ein Problem sei, dann eins unter vielen – und nicht eins, das über allem anderen stehen sollte.

Frank hat so stark von seiner Therapie profitiert, daß er sie am liebsten jedem nahelegen möchte. Selbsthilfe ist aus seiner Erfahrung sehr wichtig. Er rät: *»Zumindest mal reinschauen, gehen kann man ja immer noch.«* Wissen sollte man, daß jede Selbsthilfegruppe eigenständig arbeitet. Von daher sei es sinn-

voll, sich mehrere Gruppenabende unter Umständen sogar in
verschiedenen Orten anzusehen. Verbieten würde er am liebsten teure Therapien, die Heilung innerhalb kürzester Zeit ver-
sprechen. Er verstehe zwar den Reiz, den solche Angebote für
Stotternde bieten. Aus seiner Erfahrung weiß er jedoch, daß die
Veränderung des Stotterns und der damit verknüpften Einstellungen ein längerer Prozeß ist, der mitunter schmerzhaft und
mit Anstrengungen verbunden ist. Daß diese Anstrengung loh-
nend ist, kann er nur bestätigen.

Workshop: Hilfe zur Selbsthilfe

An dieser Stelle erwartet Sie kein festes Trainingsprogramm zur Selbsttherapie des Stotterns, sondern Anregungen zur Auseinandersetzung mit dem Thema auf verschiedenen Ebenen. Im ersten Teil dieses Kapitels zeige ich Ihnen Möglichkeiten der Einstellungsänderung. Im zweiten mache ich konkrete Übungsvorschläge zu einzelnen Bereichen wie Pseudostottern, Blickkontaktverhalten und dem Umgang mit dem Telefon.

Bibliotherapie – Lesen unterstützt die Bewältigung

Einige meiner Gesprächspartner, die im vorangegangenen Kapitel zu Wort gekommen sind, haben es für sich entdeckt: das Lesen von Erfahrungsberichten stotternder Menschen und gut verständlicher Fachliteratur zum Bereich Stottern. Lesen ist hilfreich bei der Auseinandersetzung mit der Thematik.

Nicht alle sind jedoch gleichermaßen über das Medium Schrift zu erreichen. Daher gibt es inzwischen Alternativen in Form von Videos und Leporellos, wie sie die Bundesvereinigung Stotterer-Selbsthilfe e.V. veröffentlicht.

Lesen können Sie ohne therapeutische Unterstützung. Eigenständiges Lektürestudium hat den großen Vorteil, daß Sie unabhängig sind von anderen Personen, von örtlichen Gegebenheiten oder organisatorischen Zwängen. Leicht zugänglich regen Erfahrungsberichte und gut verständliche Informationen Ihre individuelle Auseinandersetzung an:

◆ Sie stellen fest, daß Sie nicht der einzige sind, der zeitweise stotternd spricht, und können aus den Schilderungen anderer Stotternder Ihren eigenen Umgang damit überprüfen.

◆ Sie lernen, Stottern in seinen Facetten zu betrachten, und bekommen somit ein differenziertes Bild davon, woraus sich ein Symptom zusammensetzen kann. Viele kleine und präzise Veränderungsschritte lassen sich daraus ableiten.

◆ Sie erleben aus der Distanz mit, wie andere Menschen es geschafft haben, ihr Leben mit Stottern erfolgreich zu gestalten. Vorbilder motivieren, eigene Pläne zu entwickeln und Ziele zu verfolgen.

◆ Sie erfahren, welche Ursachen und welche auslösenden, bzw. aufrechterhaltenden Faktoren dem Stottern zugrundeliegen können. Möglicherweise stellen Sie Überlegungen an, was bei Ihnen das Stottern heute »nährt«.

◆ Sie entdecken, wie andere auf die Unterbrechungen im Redefluß Einfluß nehmen können. Eigene Vorstellungen und Wünsche bezüglich des Umgangs anderer mit Ihrem Stottern können sich entwickeln.

◆ Sie lernen Wege kennen, wie man Stottern und die begleitenden Gedanken und Gefühle verändern kann und können überdenken, welcher Weg für Sie in Frage kommt.

◆ Sie erfahren die Möglichkeiten und Grenzen von Therapien.

Die Stotterer-Selbsthilfebewegung

Die Stotterer-Selbsthilfebewegung hat in Deutschland mittlerweile einen festen Stellenwert im psychosozialen und gesundheitspolitischen Bereich. Erste Stotterer-Selbsthilfegruppen entstanden 1970 in Berlin und in Münster/Westfalen. Mitte der 70er bildeten sich rasch weitere örtliche Gruppen (heute sind es über achtzig), die seitdem jährlich zu einem bundesweiten Austausch zusammenkommen. Zahlreiche Landesgruppen (mittlerweile sieben) entstanden. 1979 wurde die Bundesvereinigung Stotterer-Selbsthilfe e.V. ins Leben gerufen mit ihrer regelmäßig erscheinenden Mitgliederzeitschrift »Der Kieselstein«.

Was machen die örtlichen Stotterer-Selbsthilfegruppen?

Diese Frage läßt sich nicht für alle Selbsthilfegruppen gleich beantworten, denn es gibt weder eine verbindliche Organisationsform noch ein einheitliches Selbsthilfeprogramm. Viele der Selbsthilfegruppen sind eingetragene Vereine. Treffpunkte sind in der Regel öffentliche Räumlichkeiten, seltener sind es private Wohnungen. Entscheidend für die Gestaltung der Gruppenabende sind die individuellen Interessen der Teilnehmenden vor Ort.

In vielen Selbsthilfegruppen bilden Gesprächskreise zum Themenkreis Stottern den Schwerpunkt der gemeinsamen Aktivitäten. Dabei kann es um berufliche Fragen gehen, Ängste vor bestimmten Sprechsituationen und deren Bewältigungsmöglichkeiten, um die Auswirkungen vom Umgang anderer mit dem Stottern, kurz gesagt: Es geht um einen Erfahrungsaustausch, der einen enorm entlastenden und therapeutischen Effekt hat. In einer akzeptierenden und vertrauensvollen Atmosphäre darf, für viele zum ersten Mal, ausgesprochen werden, was den einzelnen beschäftigt, ohne daß er zwar gut gemeinte, aber in der Regel wenig hilfreiche Ratschläge erwarten muß. Durch die Erfahrungen anderer wird jedes Gruppenmitglied angeregt, eigene Lösungen zu finden.

Bloße Anwesenheit allein reicht erfahrungsgemäß nicht, will man über Selbsthilfegruppen den Bewältigungprozeß unterstützen. Engagement und Eigeninitiative sind notwendig. Aktive Teilnahme kann in Form von Erfahrungsaustausch verwirklicht werden oder mit anderen Gruppenaktivitäten wie beispielsweise Erprobung von Sprechtechniken und Beobachtung des Sprechverhaltens, rhetorisches Training, Diskussionen, Vorträge, Informationsaustausch über Therapiemöglichkeiten, Entspannungsübungen/Körperarbeit, Rollenspiele. Hierbei gestalten Teilnehmende abwechselnd den Abend. Die Bandbreite der Ideen ist abhängig von den Erfahrungen und Kenntnissen der Mitglieder, die sie z. B. auch aus guten Therapien mitbringen.

Organisation von Freizeitangeboten und nicht zuletzt Öffentlichkeitsarbeit stellen Aktivitäten dar, die die Dauer der Gruppenabende überschreiten. Besonders Öffentlichkeitsarbeit bringt in doppelter Hinsicht konkreten Nutzen. Einerseits wird das Bild des Stotterers in der Gesellschaft allmählich durch persönliche Informationsvermittlung realistischer und vorurteilsfreier. Andererseits stärkt es das individuelle Selbstwertgefühl, sprachliche Aufgaben wahrgenommen und ein wichtiges Anliegen in der Öffentlichkeit vertreten zu haben.

Was machen die Landesverbände?

Sie leisten auf regionaler Ebene Öffentlichkeitsarbeit und bieten vor allem ein breit gefächertes Seminarangebot für Betroffene an. Es existieren z. Zt. sieben Landesverbände. Sie stellen ein Bindeglied dar zwischen den örtlichen Gruppen und dem professionalisierten Bundesverband. Sie bieten in Kooperation mit der Geschäftsstelle des Bundesverbandes Starthilfe bei Gruppenneugründungen, versorgen ihre Mitglieder mit Informationen, veranstalten Informationsstände auf Tagungen und Messen im gesundheitspolitischen Bereich, nehmen die Interessenvertretung stotternder Menschen in landespolitischen Gremien wahr, sind AnsprechpartnerInnen für Betroffene und Fachleute in der Region.

Was macht die Bundesvereinigung Stotterer-Selbsthilfe e.V.?

Die Bundesvereinigung Stotterer-Selbsthilfe ist ein eingetragener Verein, der satzungsgemäß das Ziel verfolgt, dem Entstehen von Stottern entgegenzuwirken und die Lebenssituation stotternder Menschen zu verbessern.

Anders als in den Basisgruppen der Selbsthilfebewegung greift der Vorstand hier zur Verwirklichung der Zielsetzung bewußt und verstärkt auf professionelle Unterstützung zurück. Ein wichtiges Gremium für die fachlichen Inhalte ist das Demosthenes-Forum, das aus »ExpertInnen in eigener Sache« und sprachtherapeutisch ausgebildeten Fachleuten besteht.

Der Bundesverband hat ein breites Handlungsspektrum, wozu neben der verbandsinternen Verwaltung Dienstleistungen gehören wie z.B. persönliche, telefonische und schriftliche Beratung über Therapie und Selbsthilfe, Herausgabe des Mitteilungsblattes »Der Kieselstein« und für Eltern stotternder Kinder der »Elternrundbrief«, der verbandseigene Verlag mit seinen zahlreichen Veröffentlichungen sowie das attraktive Seminarangebot. Darüber hinaus ist er als Interessen- und Lobbyverband aller Stotterer – unabhängig von der Mitgliedschaft – im gesundheits- und sozialpolitischen Bereich aktiv.

Memo

 Lesen fördert die individuelle Auseinandersetzung mit dem Thema Stottern. Bibliotherapie kann ein erster Schritt in Richtung Ausbildung zum »Experten in eigener Sache« sein.

Häufig stellt sich der Wunsch nach Gedankenaustausch mit anderen ein – in einer Selbsthilfegruppe können Sie interessierte GesprächspartnerInnen finden.

Die Selbsthilfebewegung ist organisiert in über achtzig Ortsgruppen, sieben Landesverbänden und der Dachorganisation: die Bundesvereinigung Stotterer-Selbsthilfe e.V.

Die einzelnen Gruppen arbeiten selbständig und unabhängig. Die Gestaltung der Abende ist von den Teilnehmenden abhängig.

Nicht vermeiden – Stottern zeigen!

Ich gebe Ihnen nun konkrete Übungsvorschläge zu den drei Bereichen Pseudostottern, Blickkontaktverhalten und Umgang mit dem Telefon. Erfahrungsgemäß haben Stotternde hier die meisten Probleme.

Natürlich ist es keineswegs ideal, Vorschläge zu machen, die nicht in ein individuelles Gesamtprogramm eingebettet sind. Der mögliche Nutzen überwiegt jedoch bei meinen Überlegungen.

Sollte dieses Kapitel das erste sein, das Sie lesen, schauen Sie bitte im Sinne der oben angesprochenen Bibliotherapie in die anderen Kapitel rein, bevor Sie aktiv werden. Für alle Übungen gilt: Gehen Sie in kleinen Schritten voran. Fühlen Sie sich nicht gebunden an einen Vorschlag, wenn er Ihnen zu schwierig erscheint. Vereinfachen Sie in diesem Fall die Aufgabe und passen Sie sie individuell Ihrer Situation an.

Sollte Ihnen jedoch eine Aufgabe beim Lesen zu leicht erscheinen, halten Sie sich bitte trotzdem erst einmal daran. Oftmals erweist sich der Schwierigkeitsgrad einer Übung erst in der Praxis. Seien Sie bitte geduldig mit sich selbst und stellen Sie keine perfekten Anforderungen an sich. Stellen Sie sich lieber auf »Stolpersteine« ein, statt auf einen einfachen, geradlinigen Weg. Günstig ist, wenn Sie sich vertrauensvolle ÜbungspartnerInnen suchen, mit denen auftretende Probleme besprochen werden können.

Pseudostottern

Pseudostottern, manchmal auch willentliches Stottern genannt, stellt eine kontrollierte und freiwillige Form des Stotterns dar. Sie ist ein fester Bestandteil in allen Nicht-Vermeidungs-Ansätzen. Wenn man offen und angstfrei das zeigen kann, was man ansonsten mit viel Mühe und Kraftanstrengung verbergen würde, entfällt eine große psychische Belastung und die Basis für fließenderes Sprechen ist gelegt.

Der gezielte, angstfreie und kontrollierte Einsatz von Pseudostottern kann helfen, z. B. Angst vor Ablehnung zu überprüfen und zu einer realistischen Einschätzung zu kommen. Gleichzeitig bedeutet das, sich unempfindlicher gegenüber eigenen und den Reaktionen anderer auf die Unterbrechungen zu machen.

Gut ist es, wenn Sie sich ein Tagebuch anlegen, in dem Sie Ihre Übungen beschreiben und im Anschluß daran auswerten. Das heißt einmal auf motorischer Ebene: Wie haben sich die Symptome angefühlt? Gab es Unterschiede hinsichtlich der Anstrengung? Gab es Symptome, die Ihnen leichter oder schwerer gefallen sind? Sind Sie manchmal in echte Symptome »rübergerutscht«? Bei welchen Wörtern war das der Fall? Haben Sie eine Idee, was der Grund dafür ist?

Auf der emotionalen Ebene können die Fragen lauten: Wie geht es Ihnen mit dem kontrollierten Einsatz von leichten Symptomen? Welche Gefühle spüren Sie während des Sprechens, wie ist Ihnen kurz danach zumute? Was ging Ihnen während des Lesens durch den Kopf? Wie war es für Sie, sich selbst laut und locker stottern zu hören?

Auf diese Weise können Sie im Verlauf der Übungen Veränderungen nachvollziehen. Sie erfahren unmittelbar und unabhängig von GesprächspartnerInnen Entlastung durch das Aufschreiben Ihrer Erlebnisse.

Noch ein allgemeiner Hinweis für alle Übungen: Die Primärsymptomatik besteht aus Wiederholungen, Dehnungen und Blockaden. Wenn Sie die folgenden Übungen ausprobieren möchten, wählen Sie bitte aus diesen drei Kategorien. Produzieren Sie die Symptome leicht, aber deutlich erkennbar auf folgende Weise:

◆ 1–3malige Wiederholung von Silben oder Lauten (Bi-Bi-Bi-Bitte);
◆ 1–2 Sekunden lange Dehnungen eines Lautes (MMMontag);
◆ 1–2 Sekunden andauernde stille oder hörbare Blockade (T---ank).

Die Übungen sollen natürlich nicht alle an einem Tag durchgeführt werden. Bleiben Sie solange bei einer Übung, bis Sie diese entspannt und gelassen umsetzen können. Gehen Sie erst dann über zum nächsten Vorschlag. Machen Sie in jedem Fall nach einer Sequenz eine Pause und gehen Sie die Übung noch einmal in Gedanken durch. Nehmen Sie Ihr Tagebuch zu Hilfe und notieren Sie das, was Ihnen wichtig erscheint. Überlegen Sie vor einer Übung, womit Sie sich selbst etwas Gutes tun können, und belohnen Sie sich im Anschluß an die Durchführung. Diese anspruchsvolle Arbeit ist für die meisten sehr anstrengend. Klopfen Sie sich selbst auf die Schulter für Ihr Engagement und gönnen Sie sich etwas Schönes.

Übung 1

Stellen Sie sich eine Liste von etwa 50 Wörtern zusammen. Lesen Sie sich selber diese Liste in fünf Durchgängen laut vor.

1. Jedes Wort mit ein bis drei Wiederholungen aussprechen.

2. Das erste Wort mit der Wiederholung, das zweite mit einer Dehnung von höchstens zwei Sekunden sprechen.

3. Beim ersten Wort eine Wiederholung, beim zweiten eine Dehnung, beim dritten eine Blockade produzieren.

4. Änderung der Reihenfolge: Dehnung – Block – Wiederholung.

5. Änderung der Reihenfolge: Block – Wiederholung – Dehnung. Wenn die Pseudosymptomatik in echtes Stottern übergeht, machen Sie eine kleine Pause, wiederholen Sie das gestotterte Wort noch einmal willentlich in einer anderen Form.

Übung 2

Nehmen Sie sich jetzt eine Textpassage (z. B. einen Zeitungsartikel) vor und unterstreichen Sie in etwa zwanzig Sätzen je ein Wort.

1. Lesen Sie nun wie in der Übung zuvor in fünf Durchgängen.

2. Machen Sie nun nach jedem produzierten Symptom eine Pause und wiederholen Sie das gestotterte Wort auf eine andere Weise.

Übung 3

Jetzt geht es darum, sich von einer schriftlichen Vorlage zu lösen und eine anders strukturierte Form der verbalen Äußerung mit Pseudostottern zu bewältigen. Führen Sie diese Anleitung noch ohne reale ÜbungspartnerIn durch.

1. Führen Sie eine Art lautes Selbstgespräch, indem Sie einem phantasierten Gegenüber etwas erzählen. Wählen Sie während einer drei minütigen Gesprächspassage etwa zehn Symptome, die Ihnen leichtfallen.
   Wiederholen Sie diese Aufgabe und nehmen Sie andere Symptome hinzu. Bestimmen Sie selber, wie hoch die Anzahl sein soll.

2. Halten Sie eine kurze Rede, sagen Sie ein Gedicht auf oder tragen Sie eine kleine Textpassage auswendig vor. Streuen Sie wie zuvor leichte primäre Symptome ein.

Übung 4

1. Wiederholen Sie jede der bisher beschriebenen Übungen vor dem Spiegel. Es ist ratsam, sich allmählich auf diese Form der Konfrontation mit sich selbst einzustellen. Passen Sie die Geschwindigkeit der Annäherung Ihrem Wohlgefühl an. Machen Sie Ihre ersten Versuche in weiterer Entfernung. Reduzieren Sie den Abstand, sobald Sie sich sicher fühlen. Sie können beispielsweise auch durch die Augen blinzeln oder Ihr Spiegelbild im Halbdunkel beobachten. Sie setzen den Maßstab der Geschwindigkeit. Es gibt keine allgemeingültigen Vorgaben.

2. Wenn Sie Ihre Sprechaufgaben gelassen vor dem Spiegel durchführen konnten, machen Sie das Ganze noch einmal mit Hilfe eines Kassettenrekorders. Wenn Sie eine Videokamera zur Hand haben, setzen Sie diese ein. Spielen Sie jedoch zunächst ausschließlich den Ton ab. Beginnen Sie mit einer leisen Lautstärke und steigern Sie allmählich die Verständlichkeit der Wiedergabe.

3. Nehmen Sie in einem nächsten Durchgang die Bildwiedergabe hinzu. Verfahren Sie vorsichtig mit der Konfrontation. Für viele Menschen ist es, unabhängig von der Tatsache, ob Sie

stottern oder nicht, ungewohnt, sich selbst im Monitor zu sehen. Unterbrechen Sie ruhig, wenn Ihnen das Zusehen zuviel wird.

Übung 5

1. Suchen Sie sich jetzt einen Übungspartner oder eine -partnerin, der Sie vertrauen und die ihrerseits bereit ist, aktiv gemeinsam mit Ihnen zu experimentieren. Erklären Sie ausführlich Ihr Vorhaben und beschreiben Sie die Schritte, die Sie bislang gemacht haben. Zeigen Sie ihr nun, wie man lockeres Stottern »in den Mund nehmen kann«. Geben Sie genaue »Regieanweisungen«, und helfen Sie Ihr bei der Produktion von primären Symptomen. Tauschen Sie sich darüber aus, welche Unterschiede Sie bei der Produktion der verschiedenen Symptome verspüren.

2. Gehen Sie nun in den nächsten Tagen gemeinsam die bisherigen Vorschläge abwechselnd durch.

Übung 6

Wählen Sie einen weiteren Menschen aus Ihrem Umfeld, den Sie in Ihre Erprobungen einbeziehen möchten, nun allerdings ohne dessen aktive Selbsterfahrung in puncto Pseudostottern. Klären Sie die Person vorher über Ihr Vorhaben auf. Unterhalten Sie sich in den nächsten Tagen häufiger mit ihr. Sammeln Sie in kurzen freien Gesprächen eine Anzahl von ca. fünf kontrollierten Pseudosymptomen.

Übung 7

Erweitern Sie allmählich den Kreis von Personen, mit denen Sie sich gerne vermehrt unterhalten. Kündigen Sie nicht mehr vorher an, daß Sie absichtlich stottern werden. Sammeln Sie eine persönlich festgelegte Anzahl von willentlich produzierten Symptomen.

Übung 8

Nehmen Sie sich insgesamt etwa fünf Wörter, jeweils zu Beginn eines Satzes, in einer Unterhaltung vor, an denen Sie kontrolliert ein leichtes Symptom einsetzen.

Übung 9

1. Planen Sie einen »Stotterspaziergang«, d. h. überlegen Sie, wen Sie im Alltag, z. B. auf der Straße oder in einem Geschäft, ansprechen können. Suchen Sie sich am besten einen Übungspartner oder -partnerin aus, der mit Ihnen geht und Sie unterstützt. Günstig ist es, wenn die Person ebenfalls Pseudostottern beherrscht.

2. Bedenken Sie bei der Festlegung des Schwierigkeitsgrades die Situation (in einer Schlange vor einer Verkaufstheke?), die Person (männlich-weiblich?, jung-alt?), die Uhrzeit (kurz vor Ladenschluß? früh morgens?), den Ort (im eigenen Wohnort? im Nachbarort? in weiterer Entfernung? in hektischer Bahnhofsnähe?). Wählen Sie für den Anfang ausschließlich Gelegenheiten, die Ihnen persönlich weniger schwerfallen. Lassen Sie sich bei der Festlegung ausschließlich von Ihrem Gefühl leiten. Suchen Sie sich eine leichte Übungssituation aus. Bedenken Sie: Es gibt keine allgemein schwierigen oder leichten Situationen. Jeder empfindet das unterschiedlich.

3. Nachdem Sie alle Aspekte Ihres Stotterspazierganges detailliert geplant haben, geht es zunächst darum, den Spaziergang in Gedanken zu bewältigen. Gestalten Sie diese Vorbereitung so, daß Sie möglichst keine Störungen von außen erwarten müssen. Entspannen Sie sich. Hilfreich sind dabei Übungen der »Progressiven Muskelentspannung«.

4. Stellen Sie sich bitte jetzt die geplante Situation in allen Einzelheiten vor. Visualisieren Sie, wie Sie langsam, leicht und

deutlich, willentlich und kontrolliert stottern. Sie halten den Blickkontakt und produzieren so gelassen und entspannt wie möglich diese Unflüssigkeiten. Fühlen Sie sich beunruhigt? Dann gestalten Sie die Situation einfacher. Beginnen Sie von neuem und gehen Sie in Gedanken alle Einzelheiten durch bis Sie sich damit vertraut und wohl fühlen.

Ein mentales Training vorweg kann Ihnen die reale Situation erleichtern. Möglicherweise werden Sie dennoch während einer Durchführung feststellen, daß Sie den Schwierigkeitsgrad unterschätzt haben. Führen Sie Ihr Vorhaben zu Ende durch und wählen Sie für die nächste Übung eine einfachere Alternative.

Wenn Sie mehrere Situationen planen, machen Sie sich am besten vorher Notizen auf Karteikarten, auf denen Sie Ihren Plan festlegen. Auf der Rückseite können Sie nach der Übung schriftlich Ihre Notizen festhalten, denn eine Nachbereitung ist ebenso wichtig wie die Vorbereitung und Durchführung. Am besten führt man diese Anleitungen gemeinsam durch.

Übung 10

Das Telefon stellt für die meisten die höchste kommunikative Anforderung dar. Weiter unten werden Hilfen im Umgang damit aufgeführt. An dieser Stelle möchte ich Sie mit einer Übung vertraut machen, die mit Pseudostottern verknüpft ist.

1. Wählen Sie bitte eine Person oder Gesprächssituation (z. B. Auskunft), mit der es Ihnen erfahrungsgemäß oder von Ihrer Vorstellung her leichter erscheint zu telefonieren. Wenn es sich arrangieren läßt, klären Sie die Person über Ihr Vorhaben auf und vereinbaren Sie einen Zeitpunkt, zu dem Sie anrufen.

2. Legen Sie sich einen Satz zurecht. Produzieren Sie direkt zu Beginn eine leichte Wiederholung. Machen Sie zunächst eine

»Trockenübung«. Nehmen Sie den Hörer in die Hand und sprechen Sie Ihren Text hinein, ohne die Telefonnummer anzuwählen. Führen Sie erst dann das Telefonat durch.

3. Besprechen Sie die Übung direkt im Anschluß nach der Durchführung mit dem Übungspartner oder der -partnerin. Machen Sie sich Notizen in Ihrem Tagebuch.

Ein Blick sagt mehr als tausend Worte

Der Blickkontakt ist ein wesentliches Element in der nonverbalen Kommunikation (siehe auch Kapitel 8). Mit unseren Blicken steuern wir nicht nur unmerklich und äußerst wirksam wechselseitig unser Verhalten, wir regeln damit auch den Eindruck, den wir auf andere machen, wie wissenschaftliche Studien zeigen konnten.

Stotternde mit gutem Blickkontakt werden im Hinblick auf Kompetenz und Dynamik demnach tendenziell höher eingeschätzt als Stotternde mit geringem Blickkontakt. Ein guter Blickkontakt wird mit Selbstsicherheit, Selbstvertrauen und dem Wunsch, gehört zu werden, in Verbindung gebracht. Außerdem kann fehlender Blickkontakt eine negativere Auswirkung auf die Wahrnehmung einer Person haben als Störungen des Sprechflusses.

So können Sie am Blickkontaktverhalten arbeiten

Zunächst einmal sollten Sie sich für die Wirksamkeit unterschiedlicher Kontaktarten und deren Dauer sensibilisieren. Dies können Sie beispielsweise durch aufmerksame Beobachtung des ansonsten unbewußt ablaufenden Blickkontaktes in verschiedenen Alltagssituationen tun: in öffentlichen Verkehrsmitteln, auf der Straße, im Fahrstuhl, im Gespräch auf einer

Party, im Zweiergespräch oder in einer größeren Runde, in offiziellen Kontakten oder im privaten Bereich.

Vielleicht haben Sie sich schon gefragt, wie lange ein »guter« Blickkontakt andauert. Es gibt dazu verschiedene, z. T. widersprüchliche Zahlenangaben, die ich für unsere pragmatische Fragestellung hier für wenig orientierungsfähig halte. Deshalb schlage ich vor: Horchen Sie doch mal in sich hinein, was Sie als angenehm empfinden und wie lang der Blick dauern darf, damit er nicht als ein Anstarren verbucht wird. Wahrscheinlich entwickelt sich auf diese Weise ein besseres Gefühl dafür, als wenn ich Ihnen Zahlen nenne.

Beobachten Sie nun Ihr eigenes Blickkontaktverhalten. Wenden Sie den Blick ab, sobald Sie ein Symptom spüren? Oder tun Sie dies bereits im Vorfeld? Schauen Sie generell Ihre GesprächspartnerInnen wenig an? Was geht in Ihnen vor, wenn Sie wegschauen? Oder gehören Sie zu denjenigen Menschen, die ihren Blickkontakt auf natürliche Weise einsetzen, unabhängig von der Tatsache, ob Redeunflüssigkeiten auftreten? Hilfreich kann es sein, wenn man bei dieser Beobachtungsaufgabe auf die Rückmeldung anderer zurückgreift.

Für die folgenden Übungen ist Ihre Bereitschaft notwendig, Stottern zuzulassen oder sogar Pseudosymptome zu produzieren.

Übung 1

Sie selbst sind Ihr erster Übungspartner, indem Sie sich wie bei den Übungen zum Pseudostottern vor den Spiegel stellen. Schauen Sie sich selbst in die Augen, während Sie sprechen. Halten Sie die ganze Zeit über Blickkontakt. Vielleicht fällt es zu Beginn noch etwas schwer, doch mit der Zeit werden Sie den Blick seltener abwenden.

Übung 2

Führen Sie diese Übung noch einmal durch, diesmal allerdings in Gegenwart einer anderen Person. So ist die Chance größer, daß echte Symptome auftreten. Sie haben dadurch die Möglichkeit, Ihren Blickkontakt während realer Unterbrechungen zu überprüfen.

Übung 3

Suchen Sie sich nun wieder eine vertraute Person, mit der Sie diese Übung gemeinsam durchführen. Besprechen Sie vorher Ihr Vorhaben. Führen Sie ein Gespräch und setzen Sie kontrollierte Symptome ein. Achten Sie dabei auf Ihren Blickkontakt. Tauschen Sie sich anschließend aus.

Übung 4

Reden Sie nun solange mit dieser vertrauten Person, bis sich echte Symptome zeigen. Nutzen Sie sofort das erste Symptom als willkommene Gelegenheit, Ihre Übung durchzuführen, und wenden Sie den Blick nicht ab. Für manche ist dies sehr schwer, vor allem, wenn mit dem ersten spürbaren Symptom eine ganze Reihe von automatisierten Abläufen einsetzt. Sprechen Sie solange weiter, bis Sie ca. fünf Anlässe wahrgenommen haben.

Es kann sein, daß Sie zu Beginn vor lauter Konzentration den Blick starr auf Ihr Gegenüber richten. Das wird sich mit zunehmender Übung regulieren.

Übung 5

Wenn Sie mit den bisherigen Schritten gut zurechtgekommen sind und die Aufgaben einigermaßen gelassen bewältigen, können Sie dazu übergehen, Ihr Trainingsspektrum um andere Menschen zu erweitern. Überlegen Sie bitte, mit welchen Leuten Ihnen die Durchführung leichter fällt. Bilden Sie eine Reihenfolge mit Ihrem individuellen Schwierigkeitsgrad und steigern Sie diesen erst allmählich. Sagen Sie nun nicht mehr, worum es geht. Wenn Ihnen Ihr Gegenüber vertraut ist und die Situation angemessen, können Sie sich hinterher darüber austauschen.

Übung 6

Alltagsgespräche, z. B. im Geschäft, in öffentlichen Verkehrsmitteln oder am Arbeitsplatz wurden bislang nicht ausdrücklich erwähnt. Sofern Sie nicht ohnehin Bestandteil Ihres Übungskataloges waren, wenden Sie nun Ihre wiedergewonnenen Fertigkeiten auf solche alltäglichen Situationen an. Sie können diese Anlässe zur Vorbereitung wieder in Gedanken durchgehen, wie es für das Pseudostottern ausführlich beschrieben wurde.

Telefonieren – aber richtig

Einige meiner Gesprächspartner haben das Telefon als Schreckgespenst bezeichnet. Die meisten Stotternden empfinden ebenso. Beim Telefonieren sind die Kommunikationskanäle reduziert auf das Sprechen, nonverbale Informationen fallen weg. So haben die meisten Angst davor, daß der Gesprächspartner die stotterbedingten Pausen oder die hörbaren Sprechanstrengungen mißversteht und auflegt.

So können Sie am Umgang mit dem Telefon arbeiten

Bevor wir zu den Übungen kommen, hier noch einige allgemeine Hinweise für den alltäglichen Umgang mit dem Telefon:

◆ Zum Stottern stehen – darüber haben zahlreiche Menschen den Mut gefunden, sich in Sprechsituationen zu begeben. Ein gezielter Einsatz von Pseudostottern oder die folgende Information an Unbekannte kann eine Erleichterung insbesondere fürs Telefonieren sein: »Ich stottere. Es kann daher sein, daß ich in unserem Gespräch manchmal steckenbleibe. Sie brauchen dann nichts weiter zu tun, als abzuwarten.«

◆ Reduzieren Sie den Streß vor einem Anruf: Lassen Sie das Telefon mehrmals klingeln, gehen Sie langsam zum Apparat, beruhigen Sie den Atem, indem Sie ausatmen – einatmen – den Hörer abnehmen und beim nächsten Ausatemzug sprechen.

◆ Entwickeln Sie individuelle Möglichkeiten, um unveränderbare Informationen wie den eigenen Namen, Adresse, Telefonnummer etc. zu übermitteln. Ein Betroffener berichtete, er habe gute Erfahrungen damit gemacht, sie in einen kleinen Satz einzubauen, da er zu stärkeren Symptomen zu Beginn des Sprechens neigte.

◆ Bleiben Sie in Übung – telefonieren Sie häufiger als zuvor. Nutzen Sie die Vorteile des Telefons und stottern Sie so langsam und gelassen wie möglich.

Ich gehe davon aus, daß Sie an dieser Stelle bereits mit den anderen Übungsbereichen experimentiert haben und dadurch Ihre Angst vor Stottersituationen bereits einige Male bewältigt haben. Dies ist eine gute Voraussetzung für den nun folgenden Übungsbereich.

Zur Vorbereitung legen Sie bitte eine persönliche Liste mit Telefonaten an, die nach Schwierigkeitsgrad aufgeteilt sind. Beachten Sie dabei:
◆ die Person (Wen rufen Sie gerne an?),
◆ Ihre situativen Bedingungen (Sind Sie ungestört oder hört jemand zu?),
◆ die situativen Bedingungen der TelefonpartnerInnen (Ist der Zeitpunkt günstig?).

Übung 1
Wählen Sie die Telefonsituation mit dem für Sie niedrigsten Schwierigkeitsgrad. Entspannen Sie sich und gehen Sie das

Telefonat in Gedanken durch, wie unter Übung 9 zum Thema »Pseudostottern« ausführlich beschrieben.

Übung 2
Machen Sie zunächst eine »Trockenübung«, d.h. nehmen Sie den Hörer in die Hand und sprechen Sie Ihre ersten Sätze hinein, ohne zu wählen.

Übung 3
Wenn das klappt, Ihr Angstpegel dennoch hoch ist, suchen Sie sich eine Trainingsperson und bereiten Sie das Gespräch in einem Rollenspiel vor. Z.B. so, daß Sie sich in einem Raum aufhalten, jedoch keinen Sichtkontakt haben. Vielleicht setzt sich jeder in eine Ecke des Raumes, mit den Rücken zueinander. Zur realitätsnahen Simulation ist es wichtig, daß die übende Person das Telefon bekommt und während des Spiels den Hörer in die Hand nimmt. Die Übungspartnerin oder der -partner antwortet, so daß sich ähnlich wie übers Telefon ein Gespräch ohne nonverbale Kommunikationselemente entwickeln kann. Wenn Ihnen die Festlegung des Dialogs eine Hilfe ist, machen Sie zwei Durchgänge: Beim ersten Mal legen beide wie in einem Drehbuch die Sätze fest, beim zweiten Mal reden beide spontan.

Übung 4
Führen Sie nun ein reales Telefongespräch der niedrigsten Schwierigkeitsstufe. Schreiben Sie nach dem Telefonat Ihre Beobachtungen in Ihr Tagebuch. Wenn das gut klappt, führen Sie in den nächsten Tagen viele solcher Anrufe durch. Gehen Sie dann über zur nächst schwierigen Situation. Womöglich werden Sie nach einiger Zeit des Trainings bemerken, daß Ihre Angst nachläßt und als Folge davon Stottern einfacher wird.

Übung 5
Bislang haben Sie Telefonate getätigt. Nun geht es um Übungen zur Vorbereitung auf Anrufe, die sie bekommen. Stellen Sie ein

Übungsteam zusammen. Bitten Sie darum, zu Hause angerufen zu werden. Planen Sie gemeinsam eine Reihenfolge des Schwierigkeitsgrades: Festlegung des Tages, der Uhrzeit, der Person, Anzahl der Personen etc. Steigern Sie die Anzahl der Anrufe und führen Sie, orientiert an Ihrem eigenen Wohlbefinden, immer mehr Gespräche am Telefon.

Übung 6
Wenn Ihre Angst allmählich geringer wird, machen Sie doch einmal eine »Telefondusche«. Lassen Sie sich an einem freien Tag von so vielen Leuten wie möglich anrufen. Führen Sie selber zahlreiche Telefonate. Sie werden wahrscheinlich mit Erstaunen feststellen, daß Ihnen die Telefongespräche mit der Zeit um einiges selbstverständlicher werden und leichter fallen als zuvor.

Zum Abschluß dieses Kapitels möchte ich Ihnen die Worte des bekannten Stotterexperten Sheehan ans Herz legen:

»Du brauchst Dich überhaupt nicht zu schämen, wenn Du stotterst, und Du brauchst nicht stolz zu sein, wenn Du flüssig sprichst.«

Memo

 Pseudostottern, manchmal auch willentliches Stottern genannt, stellt eine kontrollierte und freiwillige Form des Stotterns dar. Die oft große psychische Belastung entfällt und die Basis für fließenderes Sprechen ist gelegt.

 Pseudostottern macht unempfindlicher gegenüber den (eigenen) Reaktionen auf die primäre Symptomatik, eignet sich zur Überprüfung von Umweltreaktionen auf diese Formen des Stotterns und ermöglicht erste Erfahrungen der Kontrollierbarkeit von Unflüssigkeiten.

➤ Mit dem Blickkontakt steuern wir unmerklich aber wirksam die Kommunikation. Er spielt ebenfalls eine Rolle bei der Frage, welchen Eindruck wir auf andere machen.

➤ Viele Stotternde wenden den Blick während der Unflüssigkeiten ab. Sie können über Blickkontaktübungen eigene Unsicherheiten abbauen und darüber auch ihre Selbstdarstellung im sozialen Kontakt verbessern.

➤ Telefonieren ist für viele Stotternde ein schwieriges Kommunikationsmedium, weil es nonverbale Elemente ausschließt und ausschließlich auf das Sprechen konzentriert ist.

➤ Die Angst vor dem Telefonieren kann über den Abbau von Vermeidungsverhalten reduziert werden.

➤ Die Staffelung von individuell als schwierig erlebten Telefonsituationen ermöglicht es, den eigenen Handlungsspielraum zu erweitern.

Orientierungshilfen für Angehörige und FreundInnen

Stotternde Menschen sind unmittelbar von der Redeflußstörung betroffen – Angehörige und FreundInnen sowie andere wichtige Personen aus dem näheren Umfeld sind mittelbar betroffen. Sie spüren, wenn ein Stotternder unsicher ist, und diese Unsicherheit überträgt sich rasch auf sie. Oder sie sind irritiert, weil sie das Störungsbild nicht genügend kennen. Im Kontakt mit Stotternden ist ihnen daher unklar, wie sie sich verhalten sollen. Sie haben den Impuls zu helfen, ohne zu wissen, was hilfreich ist und ob ihre Hilfe erforderlich ist.

Gehören Sie zu dieser Personengruppe? Dann sind Sie hier richtig. Dieses Kapitel ist für Sie geschrieben und auf Ihr Informationsbedürfnis abgestimmt.

Ein Lesehinweis vorweg: Ratschläge haben die Eigenschaft, für den einen Menschen genau das richtige zu sein, für den anderen dagegen womöglich nachteilig zu wirken. Dies rührt daher, daß eine Situation von mehreren Einflüssen abhängig ist und ein Problem immer durch »die eigene Brille« gesehen wird. Bitte verstehen Sie daher die folgenden Hinweise als Anregungen. Wenn Sie selbst aktiv werden, werden Sie im Laufe der Zeit feststellen, womit Sie gut zurechtkommen. Wenn Sie bereits aktiv sind, aber mit Ihrer bisherigen Praxis unzufrieden sind oder sich unsicher fühlen, dann kommen Sie vielleicht auf neue Ideen. Möglicherweise sind Sie jedoch ganz zufrieden und finden hier Bestätigung. Vieles ließe sich in einem Gespräch besser klären. Wenn bei Ihnen noch viele Fragen offen sind, haben Sie die Möglichkeit, die kostenlose telefonische Beratung der Bundesvereinigung-Stotterer-Selbsthilfe e.V. in Anspruch zu nehmen.

Kommunikation ist mehr als Sprechen

Wie soll ich mich im Gespräch mit einem Stotternden verhalten? Stellt man diese Frage einem Stotternden, lautet die Antwort: Ganz normal! Sehen wir uns nun einmal genauer an, was diese sogenannte Normalität kennzeichnet.

Kommunikation meint die Übermittlung des Inhaltes einer Nachricht zwischen mindestens zwei TeilnehmerInnen. Es gibt verbale (Lautsprache/Gebärdensprache) und nonverbale Kommunikation (Körpersprache). Im Gespräch wirken neben der gesprochenen Sprache paraverbale und nonverbale Elemente. Zur paraverbalen Kategorie zählen z. B. Tonfall, Sprachmelodie und Stimmausdruck. In der Alltagssprache bezeichnet das Sprichwort »Der Ton macht die Musik« treffend die Wirksamkeit des paraverbalen Kanals.

Nonverbal bezieht sich auf Mimik, Gestik und Haltung, die sogenannte Körpersprache. Mimik ist das Ausdrucksverhalten im Gesichtsbereich. Gestik umfaßt Körperbewegungen, vor allem die der Arme und Hände, die sprachbegleitend oder anstelle von Worten eingesetzt werden.

Unsere Körperhaltung bringt zusätzliche Botschaften ins Gespräch. Sitzen wir z. B. einer Person abgewandt gegenüber, verschränken wir die Arme, blicken zeitweise auf die Uhr, so wird dies als Ablehnung gewertet werden.

Nonverbale Botschaften werden niemals isoliert gesendet und empfangen. Sie setzen sich vielmehr zusammen aus einer Kombination vieler Signale, d.h. Blicke, Gesten, Laute, Körperhaltung, Kleidung, Distanzverhalten. Diese komplexen nonverbalen Botschaften sind wiederum verknüpft mit den verbalen/paraverbalen Informationen. Die gleichzeitig auf verschiedenen Kanälen gesendeten Informationen können bezüglich ihrer Aussage übereinstimmen oder sich widersprechen.

Halten Sie Blickkontakt

Der Blickkontakt spielt in Gesprächen mit Stotternden eine große Rolle. Er ist ein wesentlicher Bestandteil der nonverbalen Kommunikation. Unmerklich steuern wir damit gegenseitig unser Verhalten. Blicken wir beispielsweise eine Person länger als üblich an, wird dies als Wunsch nach Kontaktaufnahme interpretiert. Dieser Wunsch kann ablehnende oder zustimmende Gefühle auslösen, was meist körpersprachlich ausgedrückt wird, indem beispielsweise der Blickkontakt abgebrochen wird oder sich die Person abwendet, weitergeht.

Was die »übliche« Dauer betrifft, so gelten in den verschiedenen sozialen Situationen jeweils andere, kulturell geprägte Maßstäbe: z.B. auf der Straße, im Fahrstuhl, im Spiel mit Kindern oder im Gespräch. In unserem Kulturkreis ist auf der Straße ein kurz andauernder Blickkontakt »erlaubt«. In engen, geschlossenen Räumen wie z.B. Fahrstühlen wird dagegen meist umgangen, andere anzublicken.

Wie verhält es sich nun im Gespräch mit dem Blickverhalten? SprecherIn und ZuhörerIn blicken sich gesprächsbegleitend an, wobei die zuhörende Person stärker als die sprechende den Blickkontakt aufrechthält. Sie signalisiert damit der anderen, daß sie aufmerksam zuhört und dem Inhalt folgt.

Was passiert nun, wenn ZuhörerInnen wegschauen? Es tritt unmittelbar eine Verunsicherung ein, da die eindeutige visuelle

Rückmeldung »Ja, ich höre dir zu!« fehlt. Beobachten Sie das doch einmal in alltäglichen Situationen. Vielleicht werden Sie feststellen, daß manchmal ein verbaler Hinweis eingefordert wird: »Hörst Du mir zu?«

Natürlich ist die Dauer des Blickkontaktes von weiteren Faktoren abhängig. So wird man bei gleichzeitig ablaufenden Tätigkeiten, wie z.B. Hantieren in der Küche, andere Maßstäbe an den Blickkontakt ansetzen als wenn sich beide gegenübersitzen.

Sie sehen, daß das Blickverhalten auf unsere Kommunikation enormen Einfluß hat. Zum einen ist es selbst Ausdrucksmittel, zum anderen werden dadurch nonverbale kommunikative Signale empfangen.

Sehen wir uns nun folgende Situation mit einem stotternden Gesprächspartner an. Eine Blockade unterbricht den Redefluß (was an sich schon verunsichernd wirken kann) – der Zuhörer schaut weg – der Stotternde verbindet damit den Entzug der Aufmerksamkeit, oder er vermutet, daß dem anderen das Stottern peinlich ist – er wird dadurch unsicherer und angespannter – diese Unsicherheit geht auf den Zuhörer über, der den Blick weiterhin abgewendet hält – der Stotternde verstärkt seine Symptomatik, indem er die psychosozial ausgelöste Anspannung auf die Sprechbewegung überträgt – beiden ist ungemütlich – die Kommunikation ist gestört.

Viele meinen, dem Betroffenen bei der Überwindung der Blockaden zu helfen, wenn sie wegschauen. Das Gegenteil ist in aller Regel der Fall.

Signalisieren Sie mit Ihrem Blick, daß Sie weiterhin zuhören, selbst wenn der andere unflüssig spricht. Bei vielen vermindert sich dadurch die soziale Angst und die Blockaden können leichter aufgelöst oder eine Sprechtechnik eingesetzt werden. Sie müssen allerdings nicht unsicher sein, wenn trotz des positiven Gesprächsverhaltens keine situative Besserung der Symptomatik eintritt. Das muß nicht zwangsläufig an Ihrem Gesprächsverhalten liegen. Es gibt viele andere stotterauslösende Faktoren, die nicht so leicht beeinflußbar sind. Das Gespräch wird dennoch befriedigender erlebt, wenn die kommunikativen Elemente stimmen.

Sie sollten den Vorschlag, den Blickkontakt während des Stotterns zu halten, allerdings nicht dahingehend mißverstehen, daß Sie nun während eines Symptoms überhaupt nicht woanders hinsehen dürfen. Wenn Blockaden einmal besonders lange dauern, kann dies ebenfalls irritierend wirken.

Hören Sie gut zu und lassen Sie Ihr Gegenüber ausreden

Das sind weitere Merkmale, die ein Gespräch angenehm gestalten. Wer mag es schon, wenn einem jemand ins Wort fällt, es sei denn, es handelt sich um eine hitzige Diskussion. Das einem gar das Wort aus dem Munde genommen wird, ist Nicht-Stotternden nur in Ausnahmefällen bekannt, z.B. wenn einem ein bestimmtes Wort nicht einfällt.

Anders erlebt das ein stotternder Mensch. Die durch Blockaden bedingten Sprechpausen sind für Nicht-Stotternde verführerisch, das Gespräch an sich zu ziehen. Einige neigen dazu, Stotternde ungeduldig zu unterbrechen. Andere sprechen für den Stotternden den Satz zu Ende. Die meisten Stotterer lehnen es jedoch ab, daß jemand für sie spricht. Sie möchten, genau wie Nicht-Stotternde, selbst ihre Gedanken äußern und in Ruhe ausreden.

Die Erweiterung des Prinzips »Zuhören und ausreden lassen« könnte lauten: reden lassen. Manch Nicht-Stotternder neigt dazu, für Stotternde Sprechsituationen zu übernehmen. So naheliegend dies in der konkreten Situation erscheint, so fatal können die Folgen auf Dauer sein. Im Rückblick berichten Stotternde oftmals, daß sich durch den langandauernden und auf viele Situationen ausgeweiteten Schonraum ihre Angst vor dem Sprechen geschürt hat. Mit jeder nicht wahrgenommenen Sprechaufgabe erhöhe sich der Angstpegel.

Lassen Sie Ihrem Gegenüber Zeit

Dem anderen beim Sprechen Zeit zu lassen, und zwar mehr Zeit als üblich, erscheint mir die einzige sinnvolle Abweichung vom eingangs geforderten »normalen« Umgang im Gespräch mit Stotternden – das gilt auch, wenn mehrere Personen am Gespräch beteiligt sind. Wichtig ist sowohl Geduld, während der Stotternde spricht, als auch Geduld bei den natürlichen Sprechpausen, die im Gespräch entstehen, damit der Stotternde die Möglichkeit bekommt, sich ins Gespräch einzuschalten.

In einer Diskussionsrunde oder in Teambesprechungen im beruflichen Kontext ist es unabhängig vom Stottern sinnvoll, einer Person die Gesprächsführung zu übergeben, die das Rederecht fair verteilt. So ist gesichert, daß alle Teilnehmenden und nicht nur die »lautstarken« zum Zuge kommen. Eine andere Möglichkeit der Selbstregulierung wäre, ein vereinbartes Handzeichen einzuführen, das die Redeabsicht markiert. Dagegen könnte man es in größeren privaten Gesprächsrunden beispielsweise damit probieren, gemeinsam auf die Redeanteile zu achten.

Ein anderer Abbau kommunikativer Streßfaktoren besteht darin, sich selbst für das Sprechen mehr Zeit zu nehmen und dadurch ein ruhiges Sprechvorbild zu geben. Probieren Sie es ruhig mal aus, Ihre eigene Sprechgeschwindigkeit zu reduzieren. Vielleicht stellen Sie fest, daß Ihnen das selbst zugute kommt. Oder Sie spüren, wie schwer es ist, ein vertrautes Sprechmuster zu verändern. In dem Fall bewahrt Sie die Erfahrung davor, einem Stotterer den »guten« Ratschlag zu geben »Sprich doch langsamer«, der in Wirklichkeit gar nicht so gut ist (s. u.).

Bei stotternden Kindern ist es darüber hinaus sinnvoll, Themenwechsel nicht schnell und sprunghaft vorzunehmen, wenn es das kindliche Sprach- und Kommunikationsniveau überfordert.

Blickkontakt halten, zuhören und ausreden lassen, Zeit lassen – dem stimmen Sie zu, aber Sie sind noch auf der Suche nach einer »richtigen Hilfe«? Es ist fraglich, ob Hilfe überhaupt notwendig und erwünscht ist.

Meist ist es nicht »Hilfe«, die erforderlich ist, sondern ein »Sich-Einstellen« auf die spezifischen Kommunikationsbedingungen. Wenn Sie Blickkontakt halten, zuhören und ausreden lassen, Zeit geben, ist das schon Hilfe und Unterstützung genug.

Enttabuisieren Sie das Stottern

Das Stottern zum Thema zu machen, fördert das Verständnis füreinander. Informationen über Stottern allgemein und über die Erfordernisse in der konkreten gemeinsamen Situation geben allen Beteiligten mehr Sicherheit im Umgang miteinander, insbesondere dann, wenn man nicht weiß, wie man sich in einer konkreten Situation verhalten soll.

Für beide Gesprächspartner kann es eine Überwindung bedeuten, Stottern zu thematisieren. Für Nicht-Stotternde ist es manchmal noch schwieriger, vor allem dann, wenn sie wenig Erfahrungen mit Stotternden haben. Indem Betroffene diese Aufgabe wahrnehmen, helfen sie ihrem Gegenüber, gelassener auf die Unflüssigkeiten zu reagieren.

Hören Sie aktiv zu

Aktives Zuhören ist der Versuch zu verstehen, wie der Sprecher eine Situation erlebt, wie er ein Problem wahrnimmt, was er fühlt und denkt und welche Lösungsmöglichkeiten er sieht. Im Gespräch geht es also zunächst darum, die Perspektive des anderen einzunehmen. Zur Absicherung, ob man den anderen richtig verstanden hat, faßt man das Gehörte kurz zusammen.

Oft liest man »zwischen den Zeilen« etwas heraus, was der Sprecher nicht ausdrücklich gesagt hat. Hierbei ist es besonders wichtig, in eigenen Worten als Angebot zu spiegeln, was man glaubt, verstanden zu haben.

Im aktiven Zuhören liegt eine Chance für den Sprecher, zu vermehrter Einsicht in die eigene Gefühlswelt zu gelangen. Meist wird damit ein Entlastungsprozeß in Gang gesetzt. Sie haben sicherlich selber schon einmal festgestellt, daß Sie sich bei auftretenden Schwierigkeiten oder aufregenden Ereignissen anderen mitteilen möchten. Vielleicht ist es Ihnen sogar passiert, daß Ihnen im Gespräch plötzlich klarwurde, worin für Sie das Problem besteht. Möglicherweise konnten Sie das Problem nicht unmittelbar lösen und haben dennoch eine deutliche Erleichterung gespürt.

Die richtige Einstellung

Die Art und Weise, wie wir miteinander sprechen, ist von unserer Einstellung zueinander beeinflußt. Sie entwickelt sich auf der Basis konkreter Erfahrungen, von Wissen oder Vorurteilen.

Bauen Sie Vorurteile ab

Vorurteile gegenüber Stotternden finden sich nicht nur in privaten, sondern in allen kulturellen und öffentlichen Bereichen unserer Gesellschaft: in der Belletristik, in Filmen, Presseberichten, Witzen, Kinderbüchern. Stotternde werden häufig als dumm, psychopathisch, lachhaft, willensschwach dargestellt. Ihre Behinderung wird nicht ernst genommen, sondern eher als Unart begriffen.

Wenn Sie einem Stotternden begegnen und Vorurteile spüren: Versuchen Sie bitte, sie beiseite zu schieben, damit Ihr Blick auf die konkrete Person nicht verstellt wird. Stotternde haben nichts mit diesen Figuren zu tun. Natürlich gibt es genauso wie in der nicht-stotternden Bevölkerung stotternde Menschen, die uns unsympathisch oder die vielleicht weniger intelligent sind – doch das steht in keinerlei kausalem Zusammenhang mit den Sprechunflüssigkeiten. Es tritt lediglich zufällig gleichzeitig auf.

Leider gibt es immer wieder Leute, die nicht in der Lage sind, Stotternden angemessen zu begegnen. Sie verspotten sie, machen Witze, imitieren sie. Manches Kichern oder Lächeln mag auf Unsicherheit beruhen. Nachahmen setzt dagegen ein gewisses Maß an Ablehnung und Aggressivität voraus. Nicht immer treffen sie auf einen selbstbewußten Stotterer wie Christian, der zu einem Arbeitskollegen sagte:

>*Du wirst niemals so gut stottern können wie ich. Also laß es besser gleich bleiben.*«

Sie, die diesen Ratgeber in der Hand halten, gehören vermutlich nicht zu den Personen, die Stotternden respektlos gegenübertreten. Möglicherweise können Sie jedoch bei der Entwicklung von geeigneten Selbstverteidigungsstrategien motivierend und unterstützend zur Seite stehen, wenn dies erwünscht wird.

Ich möchte Ihnen von einer Aktion berichten, die die Eltern und Jugendlichen unter Ihnen besonders ansprechen dürfte. Das Beispiel stammt aus den USA. Der amerikanischen Selbsthilfeorganisation ist ein Fall bekannt geworden, wo ein 14jähriger Junge von einem seiner Lehrer in Gegenwart aller Schüler wiederholt verspottet wurde. Der Junge reagierte mit Ärger und vor allem mit sprachlichem Rückzug. Die Versuche seiner Mutter, mit dem Lehrer über dessen beleidigendes Verhalten zu sprechen, blieben erfolglos. So wandte sie sich an die Selbsthilfeorganisation, die ihre Mitglieder aufrief, dem Lehrer einen »rücksichtsvollen und konstruktiven Brief« zu schreiben und eine Kopie an Mutter und Sohn zu senden.

Die Resonanz war beeindruckend und hatte im wesentlichen zwei Konsequenzen: Der Lehrer stellte seinen Spott ein und verhielt sich korrekt – der Junge entdeckte, daß er mit seinem Stottern nicht alleine war, und er begann nach anfänglichem Zögern, mit seiner Mutter über sein Stottern zu sprechen. Die zahlreichen Briefe gaben ihm Hoffnung, sein Stottern zu bewältigen und der Beistand ging weit über die aktuelle Situation hinaus.

Akzeptieren Sie das Stottern

Stottern akzeptieren – geht denn das? Was soll das bringen? Für manch Stotternden und erst recht für seine Bezugspersonen ist die Vorstellung, Stottern zu akzeptieren, ein »rotes Tuch«. Sie verbinden damit Resignation und Aufgabe eines Kampfes gegen die Redeflußstörung. Ersteres ist damit jedoch keineswegs gemeint, letzteres dagegen sehr wohl.

Das Ankämpfen gegen Blockaden, Dehnungen und Wiederholungen führt bei den meisten zu einer ausgeprägten Sekundärsymptomatik, die auffälliger und für eine ungehinderte Kommunikation störender als die Grundstörung sein kann. Zahlreiche Therapieansätze basieren daher auf sogenannten »Nicht-Vermeidungs-Prinzipien«. Der Grundgedanke lautet: Akzeptiere die Tatsache, daß du stotterst – arbeite daran, wie du stotterst.

Die VertreterInnen dieser Richtung gehen davon aus, daß die Grundsymptomatik körperlich verursacht ist, die Sekundärsymptomatik dagegen gelernt und somit wieder verlernbar ist. Indem man Stottern annimmt, verringern sich (manchmal von allein als Nebeneffekt) die Symptome. Die Grundsymptomatik wird mit Techniken aufgeweicht, so daß ein zufriedenstellendes Maß an Sprechflüssigkeit erreicht werden kann. Sie sehen, Stottern ist nicht gleich Stottern. Und in vielen schlummern zwei Bedürfnisse, die nur auf den ersten Blick widersprüchlich erscheinen: fließend sprechen können und Stottern zulassen dürfen – ein Stottern, das so flüssig und angstfrei ist, daß es weder den Sprechenden noch den Zuhörenden kümmert.

Memo

Folgende Verhaltensweisen haben sich erfahrungsgemäß als sinnvoll und unterstützend für eine angenehme Kommunikation mit Stotternden erwiesen:

Den Blickkontakt halten, auch wenn Sprechunflüssigkeiten zu hören sind. Fallen Sie dabei nicht in das andere Extrem, indem Sie den Stotternden anstarren. Probieren Sie möglichst gelassen Ihre kommunikativen Signale aus und besprechen Sie dies mit dem Betroffenen, wenn Ihr Verhältnis dies erlaubt.

Zuhören und den anderen ausreden lassen verringert den Streß, der in der Kommunikation auftreten kann. Bei sehr schweren Symptomen ist viel Geduld erforderlich. Den anderen reden lassen und nur nach Absprache oder auf ausdrücklichen Wunsch Sprechaufgaben vorübergehend übernehmen ist wichtig, damit kommunikative Erfahrungen gemacht werden können.

Im Gespräch dem anderen Zeit lassen, möglicherweise sogar mehr Zeit lassen als üblich, ist eine vertretbare Abweichung

vom eingeforderten »normalen« Verhalten gegenüber Stotternden.

 Stottern zu enttabuisieren, darüber zu reden fördert das Verständnis aller an der Kommunikation Beteiligter füreinander.
Auf dieser Basis lassen sich individuell sinnvolle Unterstüt-
zungsstrategien ableiten und vor allem den gegebenen Umständen anpassen. Ein sinnvoller Umgang mit dem Stottern
unterscheidet sich nicht nur von Person zu Person, sondern
verändert sich im Laufe der Zeit. Offene Gespräche ermög-
lichen es, diesen Wandel mitzuvollziehen.

Anhang

Begriffserklärungen

Ätiologie: Lehre von den Krankheitsursachen.

Anamnese: Erinnerung. Vorgeschichte einer Krankheit, die im Gespräch mit der behandelnden Fachperson erhoben wird.

Anstrengungsverhalten: Versuche, mit vermehrtem Krafteinsatz und Anstrengung vor und während des Sprechens Stottersymptome zu überwinden.

Artikulation: Bildung der Sprachlaute durch Bewegungen im sogenannten Ansatzrohr (Mund-, Nasen- und Rachenraum).

Atemvorschub: Ausatmen vor dem Sprechbeginn als Versuch, Stottern zu vermeiden. Der Stimmeinsatz erfolgt ungünstigerweise gegen Ende des Ausatemstroms, so daß auf Restluft oder in der Einatemphase gesprochen wird (s.a. Inspiratorisches Sprechen und Sprechen auf Residualluft).

Auditive Wahrnehmung: Verarbeitung der Sinneseindrücke, die über das Gehör aufgenommen werden.

Balbuties: Stottern.

Balbutiogramm: Schriftliche Aufzeichnung der Stottersymptome.

Bewältigungs-Strategien: Psychische Vorgänge und Handlungsformen, die unbewußt oder bewußt auf die Verarbeitung und Lösung von Aufgaben, Anforderungen, Problemen oder Krisen ausgerichtet sind.

Bibliotherapie: Therapeutischer Einsatz literarischer Formen.

DAF: DAF ist die Abkürzung für »delayed auditory feedback«, was in der deutschen Übersetzung »verzögerte auditive Rückmeldung« (VAR) heißt. Über Kopfhörer wird das eigene Sprechen um Bruchteile von Sekunden später dem Gehör zurückgemeldet. Bei Stotternden tritt je nach Verzögerungszeit und Ausprägung der Symptomatik eine Abnahme des Stotterns ein.

Diagnosogene Theorie des Stotterns: Die lange Zeit verbreitete Annahme, daß Stottern erst mit seiner Diagnose, vermittelt durch wichtige Sozialpartner, entstehe.

Disposition: Veranlagung; Beschaffenheit des Organismus als Voraussetzung für die Wirkung schädigender Einflüsse.

Einschübe: Flicklaute, -wörter oder Floskeln.

Embolophonien: Flicklaute wie z.B. »ähm«, die vor und während des Sprechens eingeschoben werden. Beim Stottern stellen sie einen Teil der Sekundärsymptomatik dar. Sie dienen z.B. als Start in den Sprechfluß oder dazu, eine stotterbedingte Pause mit Lauten zu füllen, damit kein SprecherInnenwechsel signalisiert wird.

Embolophrasien: Flickwörter oder Floskeln, mit denen sprachlichen Anforderungen ausgewichen wird. Beim Stottern stellen sie einen Teil der Sekundärsymptomatik dar. Sie werden beispielsweise als Starter genutzt: »Was ich sagen will, ist, ...« oder als Überbrückung im Satz: »ja, also ich meine« etc.

Flüssiges Stottern: Eine spannungsarme Form des Stotterns, wobei die Dehnungen und Blockaden der Primärsymptomatik aufgeweicht oder vorher durch motorische Planung geglättet werden. Wiederholungen werden in ihrer Häufigkeit reduziert und langsam ausgeführt.

Generalisierung: Eine Reaktion oder erlernte Handlungsstrategie erfolgt nicht nur auf einen bestimmten Reiz, sondern auch auf ähnlich gelagerte. Wenn in der Therapie beispielsweise Modifikationstechniken an einem Laut angebahnt werden, kann dieses Prinzip auf weitere Laute übertragen werden.

Idiographische Betrachtungsweise des Stotterns: Einzelfallorientierte Sicht. Bedingungsfaktoren des Stotterns und die Symptomatik werden bei jedem Individuum einzeln abgeklärt, anstatt vorweg nur eine Ursache in Betracht zu ziehen.

Inspiratorisches Sprechen: Sprechen auf der Einatemphase. Das Atemmuster ist irritiert infolge des Anstrengungs- und Vermeidungsverhaltens beim Stottern (s. Atemvorschub und Sprechen auf Residualluft).

Interaktion: wechselseitige Beeinflussung; hier: von Personen im sozialen Kontext.

Interessenverbände: Interdisziplinäre Vereinigung für Stottertherapie (IVS) e.V./Bundesvereinigung Stotterer-Selbsthilfe (BV) e.V.

Kinästhesie: Bewegungsempfinden.

KlientIn: Früher Gebrauch im Rechtssektor im Sinne von »Schutzbefohlenem«, später abgelöst durch den Begriff Mandant (Auftraggeber). In der Psychotherapie wird die Bezeichnung »KlientIn« eher verwendet als die der »PatientIn«.

Klonus: Wiederholung von Lauten, Silben oder Wörtern; in der Medizin bezeichnet man solche Muskelaktivitäten als klonisch, die aus ruckartigen, kurzen Kontraktionen (Sichzusammenziehen) und darauf folgenden Erschlaffungen bestehen.

Kommunikation: Die Übermittlung einer Nachricht zwischen einem Sender und Empfänger. Bei der Übermittlung wird in Abhängigkeit von der Kommunikationssituation sowohl der verbale (mündliche), der paraverbale (Stimme, Tonhöhe, Sprechtempo etc.) als auch der nonverbale (Mimik, Gestik, Haltung, Kleidung etc.) Kanal genutzt.

Lateralität: Die Hirnrinde besteht aus zwei Hälften, die funktionell unterschiedlich organisiert sind.

Larynx: Kehlkopf.

Laut: Ein Laut stellt das kleinste wahrnehmbare Element der Lautsprache dar.

Lee-Effekt: Nach dem Forscher Lee benannt, der die störenden Auswirkungen der verzögerten auditiven Rückmeldung entdeckte und im Jahre 1951 erstmals darüber berichtete (s.a. DAF).

Mentales Training: Hier verstanden als: gedankliche Vorbereitung auf eine Situation, wobei die einzusetzenden Fertigkeiten vorgestellt und so vorweg trainiert werden.

Mitbewegung: Mitbewegung von weiteren Körperteilen beim Sprechen, die nicht im Dienste der nonverbalen oder verbalen Kommunikation stehen, sondern im Rahmen der Sekundärsymptomatik des Stotterns der Vermeidung oder der Überwindung von Unflüssigkeiten dienen.

Monokausal: Der Grund für das Auftreten eines Phänomens wird auf eine Ursache zurückgeführt.

Multifaktoriell: Der Grund für das Auftreten eines Phänomens wird auf viele mögliche Faktoren zurückgeführt.

Modifikationstechniken: Techniken zur Stotterkontrolle, die am einzelnen Symptom ansetzen und dieses aufweichen. Das Resultat ist das, was man flüssiges Stottern nennt.

Neurologie: Lehre von Aufbau und Funktion des Nervensystems sowie die Entstehung und Behandlung der Nervenkrankheiten. Neurogen bedeutet »nervlich bedingt«.

PatientIn: Eine Person, die Einrichtungen des Gesundheitswesens zu Diagnostik oder Therapie in Anspruch nimmt. Im medizinischen Bereich die allgemeine Bezeichnung für einen Kranken.

Physiologie: Lehre von den natürlichen normalen Lebensvorgängen, dem Aufbau und der Funktion von Organen und Organgruppen.

Prolongation: Verlängerung; hier Dehnung oder Verlängerung eines Lautes als Bestandteil der Primärsymptomatik beim Stottern.

Propriozeption: Tiefensensibilität. Wahrnehmung der körpereigenen Lage und Haltung.

Pseudostottern: Willentlicher, kontrollierter und gezielter Einsatz von Stottersymptomen mit vielfältigen Funktionen.

Psychologie: Die Lehre vom Erleben und Verhalten. Psychogen bedeutet »seelisch bedingt« oder »in der Psyche begründet«.

Psycholinguistik: Teilgebiet der Linguistik (systematische Sprachwissenschaft) und der Psychologie, das sich mit den psychischen und kognitiven Bedingungen des Spracherwerbs und Sprachgebrauchs befaßt. Teilbereiche dieser systematischen Sprachwissenschaft sind z. B. Satzbau oder das Lautsystem.

Psychosozial: Die enge Verknüpfung von sozialen Bedingungen und psychischem Befinden.

Redeunflüssigkeiten: Unterbrechungen der Rede mit unterschiedlichen Ursachen.

Schattensprechen: Zweierübung, bei der eine Person spricht, die andere unmittelbar das Gesagte wiederholt, fast gleichzeitig mitspricht. Einsatzmöglichkeiten in der Diagnostik, in der Anfangsphase einer Therapie oder beim Erlernen von Pseudostottern.

Sekundärsymptomatik: Hierunter fallen alle Verhaltensweisen, die der Stotternde bei dem Versuch, seine Redeunflüssigkeiten zu vermeiden oder sie abzukürzen, einsetzt. Elemente dieser sekundären Kategorie sind z. B.: Mitbewegungen, Neuversuche, Starter, Umschreibungen von Wörtern, Einschübe, Substitution, Vermeiden sozialer Situationen.

Sensomotorisch: Verbundenheit von Sinneswahrnehmung und Bewegung. Bei einer Sprechbewegung z. B. wird hauptsächlich über die Bewegungsempfindung und den Tastsinn kontrolliert, ob ein Laut richtig ausgesprochen ist.

Somatisch: Körperlich.

Sprechblockaden: Teil der Primärsymptomatik. Hörbare oder stumme Pausen, in denen der Übergang von einem Laut zum anderen nicht gelingt und mit Anspannung (Tonus) gelöst wird.

Sprechen mit Residualluft: Restluftmengen in der Lunge werden zum Sprechen genutzt. Atemauffälligkeit, die sich häufig bei dem Versuch entwickelt, nicht zu stottern (s.a. Atemvorschub und Inspiratorisches Sprechen).

Sprechhilfen: Unisono-Sprechen, Schattensprechen, Taktsprechen zählen beispielsweise zu den Hilfen, die unmittelbar die Stotterrate senken, jedoch im Gegensatz zu Sprechtechniken nicht dauerhaft in Alltagssituationen übertragbar sind.

Sprechtechnik: Veränderungen des Sprechmusters hinsichtlich verschiedener Parameter wie Geschwindigkeit, Rhythmus, Stimmeinsatz, Betonung mit dem Ziel, Stottern zu überdecken.

Stabilisierung: Festigung der therapeutischen Erfolge über einen längeren Zeitraum.

Starter: Phrase, Laut, Gebärde, Bewegung oder ähnliches, das eingesetzt wird, um in den Sprechfluß zu kommen. Teil der Sekundärsymptomatik.

Subjektive Theorien: Persönliche Annahmen bezüglich der Ursache, Entstehung und Aufrechterhaltung einer Störung oder Krankheit, die angenommenen Einflußmöglichkeiten (z. B. über therapeutische Maßnahmen) sowie die Vermutungen oder konkreten Erfahrungen über die eigene Wirksamkeit.

Substitution: Ersetzung eines Wortes durch ein anderes, beim Stottern aus Angst vor Redeunflüssigkeiten. Teil der Sekundärsymptomatik.

Taktil: Den Tast- und Berührungssinn betreffend.

Therapietransfer: Übertragung des therapeutischen Erfolges von der Therapiesituation auf andere Lebensbereiche.

Tonus: Spannung, vor allem der Muskeln.

Unisono-Sprechen: Gleichzeitiges lautes Lesen eines Textes, wobei die Stotterrate unmittelbar sinkt.

Wahrnehmung: Prozeß der Verarbeitung von Empfindungen, die über die Sinnesorgane (Ohren, Augen, Haut, Nase etc.) an das Gehirn weitergeleitet werden.

Literaturhinweise

Beaumont, Graham: Einführung in die Neuropsychologie. Weinheim, 1987

Benecken, Jürgen: Wenn die Grazie mißlingt – Stottern und stotternde Menschen im Spiegel der Medien. Köln, 1997

Demosthenes-Institut (Hg.): Stottern und Selbsthilfe. Köln, 1996

– : Therapieratgeber Stottern. Köln, 1992

– : Wenn das Sprechen klemmt. Ein Ratgeber für Jugendliche. Köln, 1996

Fiedler, Peter A./Standop, Renate: Stottern. Ätiologie, Diagnose, Behandlung. Weinheim, 3. Auflage 1992

Fliegel, Steffen/Groeger, Wolfgang M./Künzel, Rainer/Schulte, Dietmar/Sorgatz, Hardo: Verhaltentherapeutische Standardmethoden. Ein Übungsbuch. München, 2. Auflage 1989

Forgas, Joseph P.: Sozialpsychologie. Eine Einführung in die Psychologie der sozialen Interaktionen. München, 1987

Fraser, Malcom: Selbsttherapie für Stotterer. Solingen, 1989

Grohnfeldt, Manfred (Hg.): Störungen der Redefähigkeit. Handbuch der Sprachtherapie, Band 5. Berlin, 1992

Hennen, E. (Hg.): Entmachtung des Stotterns. Solingen, 1989

Hinteregger, Friedrich/Meixner, Friederike (Hg.): Stottern aus der Sicht der Betroffenen und der Therapeuten. Frankfurt am Main, 1988

Hood, Stephen B. (Hg.): An einen Stotterer. Solingen, 5. Auflage 1989

Jacobsen, Gerd: Die koordinierte Stotterkontrolle. Mit Übungen und einem Therapieheft für Klienten. München, 1992

Jehle, Peter/Randoll, Dirk: Die Rolle der Eltern bei der Entstehung des Stotterns: Eine kritische Analyse der Literatur (Forschungsbericht aus der Abteilung Psychologie). Frankfurt am Main, 1985

Johannsen, Helge S./Schulze, Hartmut (Hg.): Praxis der Beratung und Therapie bei kindlichem Stottern. Werkstattbericht. Ulm, 1993

Kuhr, Armin: Die verhaltenstherapeutische Behandlung des Stotterns. Ein multimodaler Ansatz. Berlin, 1991

Orthmann, Werner/Scholz, Hans-Joachim: Stottern. Kompendium ausgewählter Theorien für Studierende und Angehörige heilpädagogischer Berufe. Berlin, 3Ed. 1983

Richter, Erwin: Natürliches Sprechen befreit vom Stottern. Köln, 1996

Riper, Charles van: Die Behandlung des Stotterns. Solingen, 1986

– : Letzte Gedanken über das Stottern. In: Der Kieselstein. Vol. 16 No. 11(1994) S. 20

Schulze, Hartmut/Johannsen, Helge S.: Stottern – Alleine eine Sprechstörung? (Bericht 21). Phoniatrische Ambulanz der Universität Ulm, 1988

Schulze, Hartmut: Stottern und Interaktion. Ulm, 1989

Tausch, Anne-Marie/Tausch, Reinhard: Gesprächspsychothe-
rapie. Göttingen, 1990

Tillmann-Moser: Kompaß der Seele. Ein Leitfaden für Psycho-
therapie-Patienten. Frankfurt am Main, 1986

Wendlandt, Wolfgang: Stottern ins Rollen bringen. Die Kiesel
des Demosthenes. Köln, 1994

– : Zum Beispiel Stottern. Stolperdrähte, Sackgassen und Licht-
blicke im Therapiealltag. München, 1984

Stichwortverzeichnis

Veröffentlichungen des Demosthenes Verlages

Demosthenes Institut der Bundesvereinigung Stotterer-Selbsthilfe e.V.
Stottern und Selbsthilfe
ISBN 3-921897-28-9/ 198 Seiten, DM 19,80

Demosthenes Institut der Bundesvereinigung Stotterer-Selbsthilfe e.V.
Projektleitung: Claudia Kramer
Therapieratgeber Stottern
ISBN 3-921897-09-2/ 158 Seiten, DM 27,80

Ruth Heap (Hrsg.)
Wenn mein Kind stottert – Ein Ratgeber für Eltern
ISBN 3-921897-27-0/ 104 Seiten, DM 21,80

Erhard Hennen (Hrsg.)
Entmachtung des Stotterns
ISBN 3-921897-06-8/ 208 Seiten, DM 21,80

Wolfgang Wendlandt
Stottern ins Rollen bringen – Der Kiesel des Demosthenes
ISBN 3-921897-11-4/ 82 Seiten, DM 21,80

Malcolm Fraser (Stuttering Foundation of America)
Selbsttherapie für Stotterer
ISBN 3-921897-01-7/ 188 Seiten, DM 24,80

Videoreihe Sprechtechniken

Verfahren zur Veränderung des Sprechvorgangs stellen einen wichtigen Baustein in der (Selbst-)Therapie des Stotterns dar. Mit der Video-Reihe „Sprechtechniken" liegt nun erstmals Filmmaterial vor, mit dem diese Techniken anschaulich dargestellt werden. Die Reihe richtet sich gleichermaßen an Menschen, die stottern, wie an Fachleute in Aus- und Weiterbildung.

Stottern vereinfachen – Modifikationstechniken nach Charles van Riper
Autor: Andreas Starke
ISBN 3-921897-31-9, Länge: 73 min, 56-seitiges Begleitbuch, DM 54,-

Stotternde entdecken Sprechfreude – Von Hausdörfers Tönen und Hören zu Richters Naturmethode
Autor: Berthold Wauligmann
ISBN 3-921897-30-0, Länge: ca. 87 min, 80-seitiges Begleitbuch, DM 54,-

Demosthenes Verlag der Bundesvereinigung Stotterer-Selbsthilfe e.V.
Gereonswall 112, 50670 Köln, Tel. 0221/1391106-07, Fax 0221/1391370